Tesouros escondidos

Alvarina Nunes

Tesouros escondidos

Revelando o caminho da vitória com a Palavra de Deus

 | São Paulo, 2020

Tesouros escondidos: revelando o caminho
da vitória com a Palavra de Deus
Copyright © 2020 by Alvarina Nunes
Copyright © 2020 by Novo Século Editora Ltda.

PREPARAÇÃO: Alexandra Resende
REVISÃO: Marcelo Santos
CAPA E DIAGRAMAÇÃO: Bruna Casaroti

A Bíblia usada como referência nesta obra foi a Nova Versão Internacional (NVI).

Texto de acordo com as normas do Novo Acordo Ortográfico da Língua Portuguesa (1990), em vigor desde 1º de janeiro de 2009.

Dados Internacionais de Catalogação na Publicação (CIP)
Angélica Ilacqua CRB-8/7057

Nunes, Alvarina
Tesouros escondidos : revelando o caminho da vitória com a Palavra de Deus / Alvarina Nunes. -- Barueri, SP : Novo Século Editora, 2020.
(Coleção Talentos da Literatura Brasileira)

1. Literatura cristã I. Título

20-1833   CDD B869.3

Índice para catálogo sistemático:
1. Literatura cristã

GRUPO NOVO SÉCULO
Alameda Araguaia, 2190 – Bloco A – 11º andar – Conjunto 1111
CEP 06455-000 – Alphaville Industrial, Barueri – SP – Brasil
Tel.: (11) 3699-7107 | E-mail: atendimento@gruponovoseculo.com.br
www.gruponovoseculo.com.br

Prefácio

Apesar de escrever muito, desde menina, eu guardava meus textos e contos em lugares secretos, de maneira que eles não eram encontrados por ninguém. Somente eu sabia onde encontrá-los.

Assim fui crescendo, os anos foram passando, mas havia em meu interior uma voz divina que sempre me dizia: "Você pode escrever um livro". Levou algum tempo até que, aos poucos, comecei a me soltar e percebi que Deus estava interessado em me usar para esse trabalho.

Quando conheci o Senhor Jesus muitas coisas mudaram. Comecei a ler a Palavra de Deus e quanto mais lia mais me envolvia e encontrava nela todas as respostas às perguntas que antes não queriam calar.

Encontrei na Palavra de Deus um manancial de águas vivas que jorravam trazendo ideias e mensagens de vida para refrigério de muitos que estavam vivendo derrotados, sem expectativa, mortos, espiritualmente falando.

Agora eu tinha encontrado um tesouro, um verdadeiro esconderijo de coisas maravilhosas demais, para espalhar aos quatro ventos. Ali estavam todas as respostas para tantas perguntas e a solução para todos os problemas que tanto afligem a humanidade.

Então, o dia tão esperado chegou. Em meio a todo o meu encantamento tive um encontro com a Verdade, e logo ela foi me libertando de tal maneira que os medos, os grilhões que me aprisionavam a mente foram sendo derrotados, dando lugar à coragem, a qual começou a me inspirar, tirando-me da minha zona de conforto e logo fui fazer o que Deus já tinha me inspirado há muito tempo.

Comecei a escrever belas mensagens de salvação, de motivação e algumas até de exortação, mostrando o perigo das más escolhas e as consequências que, infelizmente, terão de enfrentar todos os que se desviam da verdade.

Comecei escrevendo para alguns jornais cristãos e, assim que fiz meu site, comecei a divulgar minhas mensagens. Sou grata pela diversidade criativa de nosso Senhor. Ele sussurra em nossos ouvidos que somos capazes e, logo a seguir, a coragem se apresenta. É maravilhoso!

Sumário

Prefácio | 5
Meu testemunho | 9
Qual é o seu maior tesouro? | 11
Fé para vencer | 15
Uma mulher empreendedora | 19
O dom da prosperidade | 23
Tome posse daquilo que é seu | 27
A multiplicação do gás de cozinha | 31
O Senhor é o meu pastor | 35
Não sabe como fazer? Pergunte ao Espírito Santo | 39
Alegra-te, o Senhor lançou fora o teu inimigo | 41
Daniel na cova dos leões | 45
Vencendo com a cruz | 49
Tem água no deserto? | 53
Levantai-vos, mulheres! | 55
Um vale de ossos secos | 57
Família feliz | 61
Nascer de novo | 63
A parábola dos talentos | 69
Nós somos o sal | 73
Você se sente vazio? | 77
O arrebatamento e as bodas do Cordeiro | 79
Escolha o melhor para sua família | 85
Você pode ser salvo | 87
O evangelismo e as mulheres | 91
Senhor, tu me conheces bem | 95
O vaso do oleiro | 99
A presença divina em minha despensa | 103
A videira e os ramos | 107
A fé sem obras é morta | 111
Neurose moderna ou cegueira espiritual | 115
A prosperidade e a pobreza | 117
Use sua boca para remover a montanha | 121
Benção na rodoviária | 125
Sansão, seus erros e suas consequências | 127
Mude sua mente, faça a diferença! | 131
Os sonhos de Deus se cumprem | 133
Para que servem os desertos? | 137

Quer fazer a diferença? Abra seu espaço | 141
Como ser feliz num mundo tão decadente? | 143
Como vencer as tempestades | 145
Por que Deus não responde algumas orações? | 149
Como chegar ao sucesso verdadeiro? | 151
Fale aquilo que você quer ver! | 153
Intimidade com Deus | 155
Deus quer usar você para coisas grandes | 159
A ação do Espírito Santo em nossa vida | 161
Ele morreu para que nós tivéssemos vida | 165
A importância de conhecermos a Deus | 169
Edificando a casa sobre a rocha | 173

MEU TESTEMUNHO

Minha oração não é apenas por eles. Rogo também por aqueles que crerão em mim, por meio da mensagem deles. (João 17.20 – NVI)

No início parecia difícil acreditar que o Deus Todo-Poderoso, Criador do céu e da terra, poderia se preocupar comigo e que ele já me conhecia desde o ventre de minha mãe. Isso nem passava pela minha mente, mas Deus tinha um plano para minha vida e tenho certeza de que na oração que Jesus fez ao Pai, (João 17.20), eu já estava incluída. Então, o grande dia chegou para mim também.

Lentamente ele chegou, parou à minha porta, começou a bater nela e a falar comigo. Primeiro falou de seu amor por mim, e depois disse:

> [...] o Espírito do Senhor está sobre mim, porque ele me ungiu para pregar boas-novas aos pobres. Ele me enviou a proclamar liberdade aos presos e recuperação da vista aos cegos, para libertar os oprimidos e proclamar o ano da graça do Senhor.
> (Lucas 4.18-19 – NVI)

Ele disse que iria transformar a minha vida. No início, eu não entendi muito bem, ou não queria entender, mas Ele insistia:

"Eis que estou à porta e bato. Se alguém ouvir a minha voz e abrir a porta, entrarei e cearei com ele, e ele comigo" (Ap. 3.20).

De repente, o medo, as cadeias, os grilhões que aprisionavam a minha mente caíram! O milagre aconteceu! Então, eu me levantei e abri aquela porta da boa vontade. Quando Ele entrou, fiquei estática e perplexa. Como pude demorar tanto? Depois de tudo o que Ele fez por mim. Era o Rei, o Rei Jesus.

Em seguida, mostrou-me a cruz e me levou à Palavra, introduzindo-me em um novo caminho, no qual comecei a fazer muitas descobertas e compreender mistérios que só o Espírito Santo pode revelar.

O Senhor me deu vários conselhos. O primeiro deles foi para que eu comprasse Dele ouro provado no fogo, a fim de enriquecer. Depois ungiu meus olhos com o colírio celestial para que eu pudesse perceber a vida miserável que eu vivia antes daquele encontro. Pude ver também as bênçãos que estavam destinadas a mim.

Depois Ele falou sobre o meu novo nascimento chamando-me de filha. Trocou as minhas vestes, deu-me vestes novas, diferentes de tudo o que usei no passado. Roupas dignas de uma filha do Rei. Essas roupas transformaram a minha vida. Eis que tudo se fez novo. E você sabe por que estas roupas são tão especiais?

Trata-se de uma vestimenta espiritual. Elas vestiram o meu interior. Veste-se por dentro, mas o brilho reflete externamente. É maravilhoso!

QUAL É O SEU MAIOR TESOURO?

O Reino dos céus é como um tesouro escondido num campo. Certo homem, tendo-o encontrado, escondeu-o de novo e, então, cheio de alegria, foi, vendeu tudo o que tinha e comprou aquele campo. Mateus 13.44

O maior tesouro que alguém pode encontrar, a maior conquista que alguém pode alcançar nesta vida, é conhecer a Deus e entender a sua vontade. Muitos conhecem a Palavra de Deus, mas por não a colocarem em prática, sofrem e não podem usufruir das riquezas que Deus tem reservado para todos os que se achegam a Ele. Conhecer a Deus constitui a glória do homem, veja isso:

> Assim diz o Senhor: "Não se glorie o sábio em sua sabedoria nem o forte em sua força nem o rico em sua riqueza; mas quem se gloriar, glorie-se nisto: em compreender-me e conhecer-me, pois eu sou o Senhor e ajo com lealdade, com justiça e com retidão sobre a terra, pois é dessas coisas que me agrado", declara o Senhor.
>
> (Jeremias 9.23-24 – NVI)

A parábola do tesouro escondido relata a história de um homem que encontrou um tesouro em um campo, escondeu esse tesouro, vendeu tudo o que tinha para comprar aquele lugar com o objetivo de tomar posse daquele tesouro precioso. Jesus usava as parábolas quando falava aos seus discípulos para que entendessem com facilidade o que Ele pregava.

Mas, que tesouro é esse? O tesouro ao qual Jesus se refere é o reino de Deus. O seu valor excede a tudo o que existe neste mundo, não há nada que se possa comparar a ele.

Tudo o que é precioso para nós deve estar sempre em segundo plano, pois é Deus quem deve estar em primeiro, ou seja, Ele deve ocupar o primeiro lugar em nossa vida e em nosso coração. Ele é o tesouro que temos guardado em nosso peito, Ele deve ser tudo para nós. Depois dele, então, vem nossa família, que amamos tanto. Por último, devem vir nossos sonhos e projetos que serão trajetórias de belas conquistas, pois quando Deus é nossa prioridade, Ele cuida de cada detalhe em nossa vida.

Quando Deus é o nosso maior tesouro, Ele mesmo nos concede bens preciosos, tais como a fé que vence o mundo e nos faz assentar em lugares altos, sabendo agora que somos filhos Dele: "O que é nascido de Deus vence o mundo; e esta é a vitória que vence o mundo: a nossa fé" (1 João 5.4 – NVI).

Outro bem precioso que Deus nos concede é a paz interior. Quando somos Dele temos paz verdadeira. Foi Jesus quem nos disse isto: "Deixo-lhes a paz; a minha paz lhes dou. Não a dou como o mundo a dá. Não se perturbem os seus corações, nem tenham medo" (João 14.27 – NVI). Aqui encontramos a cura para tantos casos de ansiedade e depressão vistos em nossos dias, não é mesmo? Essa paz que vem do alto é como bálsamo que cura as feridas da alma.

Falando em bens preciosos que Deus nos concedeu, não podemos nos esquecer da maior riqueza de todas, que é nossa salvação por meio de Cristo. Fomos transformados, restaurados pelo novo nascimento. Quando aceitamos a Cristo, nascemos de novo, nos tornamos uma nova criatura, eis que tudo se fez novo. Que maravilha! Antes de tudo isso acontecer havia um abismo que nos separava de Deus. Não havia esperança para nós, mas quando aceitamos a Jesus, o filho de Deus, como nosso único Salvador, então ele fez uma ponte sobre aquele imenso abismo e a partir disso podemos nos achegar ao Pai com facilidade.

Falando ainda em bens preciosos, não podemos deixar de mencionar a Bíblia, o Livro dos livros, cujo alvo é transformar o interior das pessoas, fazendo-as conhecer a Deus de maneira que o comportamento exterior delas demonstre que o Senhor se tornou o seu maior tesouro. Não é o dinheiro, o poder, a fama, a família, a igreja ou mesmo a saúde perfeita o tesouro delas, mas Deus o tesouro maior no coração de cada uma, e isso muda tudo. Deus faz toda a diferença na vida daqueles que O encontraram.

A parábola mencionada por Jesus diz que aquele homem vendeu tudo o que tinha para comprar aquele campo, pois nele havia um tesouro precioso e precisamos fazer o mesmo. Vender tudo significa renunciar o nosso eu e deixar entrar o reino de Deus em nós, sair das beiradas e navegar em águas profundas, onde estão os verdadeiros tesouros.

Fiz uma poesia para falar deste Tesouro.

Quando Deus fala

Filho(a), não tenha medo, nunca mais,
Escute! Quero falar contigo
sou o seu Deus, te amo demais
Sou Eu que te falo: conte sempre comigo.

Sou o seu Deus, você me entregou sua vida
Eu o sustentarei até a eternidade
Acaso existe outra rocha, me diga,
que o proteja, como a minha bondade?

Preparei uma morada para você
na casa de meu Pai, basta você crer
ali com muito amor, vou esperar você
quando em meus braços, você adormecer.

Leia o meu Livro, quero preparar você,
espiritualmente falando,
você já pode perceber
Descobrir todos os tesouros escondidos,
que nele há, para você vencer.

FÉ PARA VENCER

O que é nascido de Deus vence o mundo; e esta é a vitória que vence o mundo: a nossa fé. (1 João 5.4 – NVI)

Quem é bem informado sabe o que acontece no mundo diariamente; a violência está quase sem controle, a insegurança está em toda parte, até mesmo dentro dos lares, principalmente nas grandes cidades.

Somos hoje 7,5 bilhões de habitantes vivendo na Terra e já não há emprego nem alimentação suficiente para toda essa população. Imagine daqui a dez ou cinquenta anos! A situação será bem pior. Se Jesus não voltar em breve, seguindo a progressão normal de todos os acontecimentos, serão dias muito difíceis. Dizem os estudiosos que as pessoas não vão poder sair às ruas, pois serão assaltadas até por roupas e calçados; na verdade, atualmente temos visto alguns casos assim, não é mesmo?

Como vemos, o mundo caminha a passos largos para grandes dificuldades. Viveremos em um mundo faminto e medroso. A água potável será mais cara que o leite e a gasolina. Imaginem a insegurança que o ser humano viverá diante dessa triste realidade mundial.

E os cristãos, como conseguirão enfrentar tudo isso? Teremos de aprender a viver como filhos de Deus, ou seja, obedientes e viver pela fé, o dom precioso que Deus nos concedeu; desta maneira, venceremos as dificuldades que estão por vir.

Deixando as estatísticas futuras de lado e voltando aos nossos dias, podemos constatar que a humanidade já está vivendo dias sombrios e difíceis. A nossa realidade brasileira não é diferente do resto do mundo. Só uma pequena parcela da população chega a uma carreira universitária. Vagas de emprego são disputadas por muitas pessoas. A procura é muito maior do que é ofertado pelo mercado de trabalho. O Brasil precisaria produzir mais de dois milhões de empregos a cada ano para satisfazer as necessidades do povo brasileiro. Como podemos ver, já temos grandes dificuldades.

Estamos vivendo na época do medo. Medo de tudo, medo de perder o emprego, medo de ser assaltado; contudo, para nós, cristãos, há uma diferença marcante. Temos a promessa de Deus registrada em sua Palavra: "Então vocês verão novamente a diferença entre o justo e o ímpio, entre os que servem a Deus e os que não o servem" (Malaquias 3.18).

Quando uma pessoa crê no Evangelho e recebe a Cristo como Senhor e Salvador de sua vida, o inimigo não tem mais poder sobre ela. O apóstolo Paulo disse: "Portanto, se alguém está em Cristo, é nova criação. As coisas antigas já passaram; eis que surgiram coisas novas!" (2 Coríntios 5.17), isto é, esta pessoa foi reconciliada com Deus, por meio de Jesus Cristo; acabou o domínio de Satanás sobre esta vida.

Quando Cristo ressuscitou dos mortos, Ele nos ressuscitou juntamente com Ele e nos fez assentar em lugares altos, espiritualmente falando.

O reino de Deus é conquistado pela fé e sem fé é impossível agradar a Deus. Se você crê Nele, frequenta uma igreja, mas sua vida não mudou em nada, se continua cheio de problemas, algo está errado e você precisa fazer uma análise em sua vida espiritual. Você precisa aprender a tomar posse de tudo o que Cristo já concedeu aos seus filhos através de sua morte naquela cruz. Ele nos restaurou para Deus e agora vivemos em outra dimensão, vivemos em perfeita harmonia com nosso Senhor. Jesus disse que Ele é a videira e nós somos os seus galhos. Isso quer dizer que nós compartilhamos a mesma fonte de vida e seiva que corre na videira é a mesma que corre nos galhos. Isso faz toda a diferença para aqueles que creem Nele. Somos um com Ele, que descoberta maravilhosa! Aqui está a chave, o segredo que abre todas as portas para você ser uma pessoa vitoriosa.

Depois que você entender tudo isso e começar a praticar a fé, não precisará mais comer pelas mãos dos outros. Você mesmo irá à fonte, direto ao depósito de Deus. Ali há suprimentos para todas as suas necessidades. Quando você colocar em prática a Palavra de Deus, estará capacitado para vencer qualquer desafio ou dificuldade desta vida, você nunca mais será a mesma pessoa, vai haver uma grande mudança. Você vai influenciar as pessoas que estão ao seu redor, nada vai abalar a sua fé, você vai fazer a diferença no mundo em que vive. Pense nisso!

UMA MULHER EMPREENDEDORA

Como os navios mercantes, ela traz de longe as suas provisões. Antes de clarear o dia ela se levanta, prepara comida para todos os de casa, e dá tarefas as suas servas. Ela avalia um campo e o compra; com o que ganha planta uma vinha. (Provérbios 31.14-16)

A Bíblia é meu manual de instruções. É dela que me vem a inspiração para descrever os segredos que Deus tem revelado a mim. Hoje quero falar sobre o trabalho feminino, segundo a Palavra de Deus.

Creio que em Provérbios 31.10 Deus nos mostra, com riqueza de detalhes, uma mulher diligente, ou seja, uma grande empreendedora.

Ao ler o livro de Provérbios encontramos a descrição de muitos tipos de mulheres, algumas totalmente fora dos propósitos de Deus. Encontrei ali mulheres rixosas, iracundas, tolas, indiscretas, adúlteras. Contudo, no capítulo 31 Deus apresenta uma mulher com tantas virtudes que, sinceramente, chega até a causar uma leve inveja. Quem pode competir com essa mulher?

É uma ótima esposa e mãe, sabe administrar sua casa muito bem, dirige um negócio, cozinha, costura, gosta de ajudar ao próximo, estende a mão ao necessitado, fala com sabedoria e, para encerrar com chave de ouro, é temente a Deus. Interessante: Deus não falou o nome dela. Creio que Ele fez isso de propósito, com o objetivo de que cada mulher pudesse colocar o seu nome nessa história.

A mulher virtuosa era trabalhadora, organizada, aproveitava as oportunidades, dormia tarde, acordava cedo, se importava com a família e, com tantos talentos, agradava muito ao seu marido, pois por esse motivo ele era estimado entre os juízes quando se assentava entre os anciãos da terra.

Fiquei maravilhada ao ler que ela conseguia tempo para fazer roupas e cintos para vender. Foi aí que percebi que ela tinha todas as características de uma empreendedora! O texto é bem claro quando diz: "examina uma propriedade e adquire-a; planta uma vinha com as rendas de seu trabalho". Veja bem, ela costurava, ganhava seu dinheiro e tinha planos de investir o que ganhava em algo produtivo, onde poderia multiplicar seus investimentos. Assim sendo, ela compra uma vinha com o dinheiro ganho na venda de roupas, cinge os lombos de força, fortalece seus braços e faz com que a sua vinha comece também a produzir renda. O investimento foi um sucesso! Ela percebe que seu ganho agora é muito bom. Eu chamo isso de empreendedorismo.

Era uma mulher que planejava, tinha propósitos bem definidos, a força e a dignidade são os seus vestidos e, quanto ao dia de amanhã, não tem preocupações. Que maravilha! A mulher bem preparada não teme o futuro.

Quantas mulheres hoje em dia sonham ter o seu próprio negócio, mas não conseguem sair de sua zona de conforto, pois acham tudo muito difícil e deixam seus projetos para trás em razão das preocupações que envolvem desde a família até a melhor maneira de se apresentar ao mundo dos negócios. Se você pousar os olhos com carinho nesta mensagem, com certeza Deus vai inspirar você também, mostrando-lhe um mundo novo que pode estar bem a sua frente.

Para manter uma atitude empreendedora e obter sucesso, será preciso planejar, manter longe a ociosidade, entender que serão noites de muito trabalho. Também será preciso paciência, pois o lucro demora a chegar.

Vejamos algumas características importantes da mulher apresentada em Provérbios 31.10: ela é digna de confiança, boa, batalhadora, dá sempre um jeito para tudo, é disciplinada, vai em busca de oportunidades, é forte, apreciadora, habilidosa, gosta de ajudar, ela planeja, se cuida, é popular, é criativa, tem dignidade, é doce, é bastante ocupada, é louvada, ela teme a Deus, ela faz a diferença.

Creio que você tenha ficado motivada. Então, prepare seu plano, fale com Deus a respeito, verifique com cuidado se está de acordo com os propósitos divinos. Não perca mais tempo, coloque-o em ação e seja uma empreendedora de sucesso.

O DOM DA PROSPERIDADE

Honre o Senhor com todos os seus recursos e com os primeiros frutos de todas as suas plantações; os seus celeiros ficarão plenamente cheios, e os seus barris transbordarão de vinho. (Provérbios 3.9-10)

Em que situação você se encontra? Figueira estéril ou ramo frutífero? Em Ageu 1.6 está escrito:

"Vocês têm plantado muito, e colhido pouco. Vocês comem, mas não se fartam. Bebem, mas não se satisfazem. Vestem-se, mas não se aquecem. Aquele que recebe salário, recebe-o para colocá-lo numa bolsa furada."

Para ilustrar essa palavra, preciso falar de duas terras que têm situações opostas: Egito e Canaã. O Egito era a terra do cativeiro, fome, lutas, trabalhos forçados, onde o povo de Deus era tratado como escravo. Eles trabalhavam muito, mas recebiam quase nada de volta. Contudo, Canaã era a terra prometida por Deus: terra que manava leite e mel; havia abundância e fartura naquela terra, figos, muitas frutas. Um cacho de uva precisava ser carregado por dois homens, tal era o tamanho de cada cacho.

Em que terra você está vivendo? Egito ou Canaã? A vontade de Deus é dar prosperidade aos seus filhos para que o seu Reino seja estabelecido na Terra. Jesus nos ensinou a oração do Pai Nosso, na qual devemos pedir: "venha a nós o vosso Reino". Porém, tenha cuidado e esteja preparado para que ela seja uma benção em sua vida.

Em Provérbios 10.22 está escrito: "A bênção do Senhor traz riqueza e não inclui dor alguma". Às vezes, quando a prosperidade chega na vida de alguns cristãos despreparados, logo aparecem as dificuldades, pois se trata da luta do Espírito contra a carne. Todavia, para aqueles que são fiéis a Deus, obedientes à Palavra, a bênção é completa.

Veja bem, prosperidade não é só bênção financeira. Prosperidade é ser abençoado em todas as áreas de sua vida, família, relacionamentos, negócios. Enfim, Deus vai cuidar de tudo o que diz respeito a sua vida.

Na Palavra de Deus temos muitos exemplos de pessoas que foram muito abençoadas por Ele. Um belo exemplo foi como Deus prosperou a Jacó. Ele trabalhou anos e só enriqueceu a Labão, que era seu tio, mas quando ele se colocou à disposição de Deus foi abençoado. Deus o prosperou de tal forma que em sete anos Jacó ficou mais rico que Labão. Agora, vamos devagar, observando cada detalhe desse milagre extraordinário e vejamos como Deus devolveu a Jacó tudo que seu tio lhe roubara durante anos.

Jacó, inspirado por Deus, fez um pacto com Labão: separaria para si todo o animal salpicado, malhado e os morenos das cabras. Ora, Labão, achando-se muito esperto, considerou ótima essa ideia, pois na verdade era raro encontrar esses animais.

Jacó, por divina revelação, preparou varas verdes, descascou nelas riscas brancas e pôs essas varas em frente ao rebanho quando este vinha beber água. O rebanho então concebia e as ovelhas davam crias listradas, salpicadas e malhadas. Quando as ovelhas eram fortes, Jacó colocava as varas, porém quando eram ovelhas fracas, Jacó retirava as varas. Assim, as fracas eram de Labão, as fortes, porém, de Jacó. Dessa maneira, Deus prosperou a Jacó.

Alguém poderá dizer: "prosperidade não é dom". Então leia em Eclesiastes 5.19: "E, quando Deus concede riquezas e bens a alguém, e o capacita a desfrutá-los, a aceitar a sua sorte e a ser feliz em seu trabalho, isso é um presente de Deus".

A prosperidade vem de Deus e sempre que formos obedientes, honrarmos ao Senhor com as primícias de toda nossa renda, certamente se encherão os nossos celeiros e transbordarão de mosto os nossos lagares. Àqueles que forem fiéis aos mandamentos do Senhor, Suas promessas se cumprirão. Ao darmos o dízimo de nossos bens, teremos as bênçãos materiais; ao darmos o dízimo de nosso tempo e consagrarmos nossa vida ao Senhor, teremos bênçãos espirituais.

TOME POSSE DAQUILO QUE É SEU

Aleluia! Como é feliz o homem que teme o Senhor e tem grande prazer em seus mandamentos! Seus descendentes serão poderosos na terra, serão uma geração abençoada, de homens íntegros. Grande riqueza há em sua casa, e a sua justiça dura para sempre. (Salmos 112.1-3)

Em tempos tão difíceis, a humanidade anda de um lado para outro, sem rumo, sem esperança, buscando socorro em tantas coisas, dependendo das migalhas que o mundo lhe oferece. O livro de Atos, capítulo 3.1-2, relata: "Certo dia Pedro e João estavam subindo ao templo na hora da oração, às três horas da tarde. Estava sendo levado para a porta do templo chamada Formosa um aleijado de nascença, que ali era colocado todos os dias para pedir esmolas aos que entravam no templo". Esta é uma passagem bem conhecida de todos nós e muito boa para ilustrarmos essa mensagem. De alguma forma, grande parte da humanidade está vivendo como aquele coxo, ou seja, muitas pessoas são colocadas apenas na porta do templo e ficam ali, frágeis, impotentes, dependentes das migalhas e das esmolas que lhe são oferecidas. Não tomam a iniciativa de entrar e conhecer a Deus de verdade.

Qual é a causa desta miséria? Na verdade, a humanidade anda como coxos espirituais que ficam do lado de fora e são incapazes de entrar pela porta (que é Jesus) onde haverá mudança total de suas vidas. Certa vez, Jesus disse: "Em verdade, em verdade vos digo: eu sou a porta das ovelhas".

Então Jesus afirmou de novo: "Digo-lhes a verdade: Eu sou a porta das ovelhas. Todos os que vieram antes de mim eram ladrões e assaltantes, mas as ovelhas não os ouviram. Eu sou a porta; quem entra por mim será salvo. Entrará e sairá, e encontrará pastagem. O ladrão vem apenas para furtar, matar e destruir; eu vim para que tenham vida, e a tenham plenamente".

João 10.7-10

Como vimos, Jesus veio para que tenhamos vida plena, abundante. Ele quer que sejamos prósperos e abençoados, contudo, devemos ter cuidado, pois o ladrão veio para matar, roubar e destruir. Então, vigiemos e sejamos determinados, a fim de que ninguém venha roubar nossas bênçãos, pois elas já foram enviadas a nós há 2000 anos, naquela cruz. Tudo o que precisamos fazer é tomar posse do que nos pertence.

Lembra do coxo? Ele ficava do lado de fora do Templo e recebia migalhas das pessoas, ao invés de entrar e se sentar à mesa do Pai e desfrutar de toda fartura e riqueza destinadas àqueles que entram pela porta. Na verdade, Deus quer isso para você. Seja determinado, tome uma atitude de fé, entre pela porta e comece a desfrutar da vida abundante que Jesus prometeu.

Assim que você tiver esse encontro com o Pai terá acesso direto à fonte e de lá extrairá bênçãos sem medida para uma vida plena. Você sairá da superficialidade, e navegará por águas bem mais profundas e Ele mesmo lhe mostrará todos os segredos que precisa aprender para ser uma pessoa vitoriosa.

Que maravilha!

Agora que você aprendeu que Deus tem o melhor desta vida para lhe dar, quero apenas dizer: Bem-vindo ao mundo dos vencedores!

A MULTIPLICAÇÃO DO GÁS DE COZINHA

Ora, a fé é a certeza daquilo que esperamos e a prova das coisas que não vemos. Pois foi por meio dela que os antigos receberam bom testemunho. Pela fé entendemos que o universo foi formado pela palavra de Deus, de modo que o que se vê não foi feito do que é visível. (Hebreus 11.1-3)

Desde pequena, sempre que eu precisava de algo especial em minha vida, dobrava meus joelhos e falava com Deus. Sempre foi assim e aos poucos minha intimidade com o Senhor foi crescendo. Dessa forma, aprendi que mesmo com todas as minhas fraquezas Deus está sempre atento aos meus pedidos de socorro. Aconteceram tantos milagres! Cada um deles serviu para aumentar ainda mais a minha fé.

Posso dizer que hoje tenho uma vida abençoada, não me falta nada, pois Deus tem prosperado minha vida. Aprendi o segredo dos vencedores, ou seja, aprendi a obedecer aos mandamentos do Senhor. Diferente do meu passado, onde tive momentos bem difíceis.

***

Eu já trabalhei em uma grande empresa química. Eu tinha um alto cargo no laboratório desta empresa. Estava apenas um grau abaixo do chefe. Um dia, um de meus colegas disse que sua esposa também era química e então a esposa dele me convidou para abrir uma empresa de produtos químicos com ela, ou seja, seríamos sócias.

A empolgação do momento me pegou desprevenida, mas achei a ideia ótima e logo aceitei, sem consultar a Deus. Não pedi direção ao Senhor para saber se isso seria bom para mim. Então, resolvida a ser empresária, fui e pedi demissão da empresa que havia feito tanto por mim. Eu havia recebido várias promoções, quase uma por ano. Cuidado com ofertas mirabolantes que aparecem do nada, pois muitas vezes são uma pegadinha de Satanás para destruir sua vida!

A empresa foi muito legal comigo e liberou todo o meu FGTS, além de pagar tudo a que eu tinha direito, e até ao que eu não tinha, pois gostava muito do meu trabalho.

Acabei investindo todo o dinheiro que recebi em minha empresa. Contudo, o meu negócio se arrastava, pois faltava experiência no ramo, capital de giro e quase nunca víamos a cor de um dinheirinho em nossa mão. Lembro-me bem de que, às vezes, eu me escondia no banheiro para chorar, arrependida do grande erro que eu havia cometido. Foi então que orei a Deus pedindo-Lhe perdão e também que me fizesse esquecer a grande oportunidade que eu tivera e perdera tão estupidamente.

Vocês devem conhecer o ditado: "uma desgraça nunca vem sozinha". E foi o que aconteceu: meu esposo foi demitido da empresa em que trabalhava. Agora, eu estava em uma empresa quase falida e meu marido desempregado.

Sempre fui uma serva de Deus e mesmo com tantos erros cometidos, nunca nos faltaram os alimentos básicos. Mas estávamos vivendo no limite. Certa vez, em um fim de semana, minha sócia disse: "Amiga, esta semana não temos dinheiro em caixa para o nosso pró-labore, temos contas a pagar e não podemos pegar nada". Nesse mesmo dia, meu esposo chegou de viagem de nossa cidade natal e trouxe uma tia dele que veio nos visitar. Foi aí que me lembrei que o meu gás de cozinha tinha acabado antes de eu sair para o trabalho e não pude fazer meu café. Naquele tempo, não havia micro-ondas, o que, na falta de gás, quebra um grande galho. Meu esposo me pegou de carro no trabalho e enquanto estávamos a caminho de casa, eu ficava pensando em como eu ia fazer o almoço.

Chegamos em casa. Meu marido e a tia ficaram na sala conversando e eu fui pra cozinha, pois precisava fazer o almoço. Várias alternativas perambulavam rapidamente em minha mente. "Pedir um gás pra minha vizinha?" Ela já havia me pedido várias vezes, mas tenho uma coisa comigo, não gosto de pedir nada emprestado, não gosto de depender dos outros para nada, prefiro depender só de Deus. Foi aí que o Espírito Santo me inspirou e me lembrei das muitas multiplicações relatadas na Bíblia. Então coloquei minhas mãos sobre aquele botijão de gás, não havia nada nele, e orei: "Senhor Jesus, preciso fazer esse almoço e não posso deixar meu esposo constrangido diante de sua tia. Então, Jesus, use as pequenas moléculas de gás que ainda restam e as multiplique de tal forma que eu possa cozinhar hoje e também os dias seguintes enquanto eu não puder comprar um novo gás". Terminei minha oração, peguei o acendedor e fui acender o fogo. De repente uma chama azul forte apareceu, como ocorre no momento em que colocamos um botijão novo. Então, fiz o almoço, ninguém ficou sabendo que não tínhamos gás. Na semana seguinte pude comprar o gás, mas aquele que Jesus multiplicou durou 15 dias. Esse milagre marcou minha vida e eu nunca vou esquecer dele.

Milagres como esse e muitos outros que ainda poderei compartilhar, demonstram que sempre que usamos a nossa fé, baseada na Palavra de Deus, temos aquilo que pedimos. Basta usar a sua fé com entendimento e determinação.

O SENHOR É O MEU PASTOR

O Senhor é o meu pastor; de nada terei falta. Em verdes pastagens me faz repousar e me conduz a águas tranquilas; restaura-me o vigor. Guia-me nas veredas da justiça por amor do seu nome. (Salmos 23.1-3)

O Senhor é o meu pastor; nada me faltará. Este salmo foi inspirado pelo Espírito Santo para nos trazer calma e tranquilidade nos momentos difíceis.

A grande maioria das pessoas, no mundo inteiro, conhecem este salmo. Ele é muito usado em vários lugares, como: adesivos, para-brisas, estampas de camisas, quadros de parede etc.

Muitos cristãos, e até não cristãos, gostam do Salmo 23. Minha preocupação é: Será que todos que conhecem o Salmo do pastor, conhecem também o Pastor do Salmo? Será que todos podem dizer, o Senhor é o meu pastor? Poderiam afirmar com confiança: "Ainda que eu ande pelo vale de sombra e morte, não temerei mal nenhum, porque tu estás comigo; a tua vara e o teu cajado me consolam"? Quem pode confessar essas palavras?

Este Salmo mostra o grande amor de Deus para com o seu povo. O próprio Senhor Jesus usou essa comparação para demonstrar seu propósito para conosco, quando Ele disse: "Eu sou o bom pastor. O bom pastor dá a sua vida pelas ovelhas" (João 10:11). Jesus se compara a um pastor de ovelhas.

Nós, cristãos, somos as ovelhas; pertencemos a Ele, embora andássemos desgarrados como ovelhas que não têm pastor, o Senhor Jesus nos resgatou e nos redimiu pelo seu sangue derramado lá na cruz. Agora somos Dele, como suas ovelhas podemos ser alcançados pelas promessas deste salmo, quando ouvimos sua voz e o seguimos de perto.

Sendo Jesus o nosso pastor, então podemos declarar: nada me faltará e isso significa que Deus suprirá todas as nossas necessidades. Ele sabe o que cada ovelha precisa e nos dá o melhor pasto, mesmo nos momentos mais difíceis, Ele cuida de mim e de você.

Guia-me mansamente às águas tranquilas – Águas que saciam, lugar de paz e esperança. Na presença de Deus há paz e tranquilidade. Refrigera a nossa alma quando estamos quase desanimando pelas aflições do mundo, pois elas chegam em nossas vidas quando menos esperamos, mas é nessa hora, no auge da nossa aflição, que o bom pastor chega e refrigera a nossa alma. Refrigério significa alívio, consolo, conforto. O Senhor vem e unge nossas feridas, proporcionando um alívio imediato. Só Deus pode nos devolver a alegria, mesmo enfrentando adversidades. Ele é a nossa paz, o nosso refrigério, o nosso sono tranquilo; com Ele estamos sempre seguros.

Guia-me pela vereda da justiça – Em Jeremias 23.5-6 lemos que o Senhor levantaria um renovo de Davi, que praticaria o juízo e a justiça na terra e o seu nome seria "O Senhor Justiça Nossa". Portanto, justiça só em Jesus. Você não precisa fazer justiça com as próprias mãos quando for injustiçado, entregue a Cristo sua causa, pois ele é a nossa justiça.

Tu estás comigo – Jesus nunca disse que não teríamos dificuldades, que não teríamos lutas e adversidades; então, não cobre de Deus aquilo que Ele não prometeu. Mas tenha certeza desta promessa: a que estaria conosco todos os dias. Veja o que diz Mateus 28.20: "[...] E eu estarei sempre com vocês, até o fim dos tempos". Aleluia! Portanto, venceremos! A presença de Cristo faz toda a diferença. Eis aqui o segredo: a presença sobrenatural de Deus em nossa vida nos capacita a transpor todos os obstáculos, a atravessar qualquer deserto. Podemos sair de qualquer situação mais fortes do que nunca, melhor do que antes, nada poderá nos deter, nem o inimigo. Ele tentará como um lobo atrás de ovelhas, mas o nosso Pastor nos livra e nos transporta para os lugares tranquilos e seguros.

Tua vara e o teu cajado me consolam – A vara representa a exortação e a disciplina de Deus, e às vezes o Senhor precisa usar a vara para corrigir seus filhos, pois a Bíblia diz que o Pai corrige o filho a quem ama. O cajado é uma vara longa delgada com um gancho em uma de suas extremidades e serve para trazer a ovelha para perto do pastor, principalmente quando ela cai em uma vala estreita. Somente o cajado pode tirá-la de lá. Quando você estiver em um beco sem saída ou se cair em uma dessas valas estreitas da vida, clame pelo Pastor. Ele tem o seu cajado na mão, tira você de lá e cuida de suas feridas.

Preparas uma mesa perante mim na presença dos meus inimigos, unges a minha cabeça com óleo, o meu cálice transborda – Uma mesa é preparada por Deus e nessa mesa não falta nada. Ele se encarrega de suprir todas as nossas necessidades, tanto físicas quanto espirituais. Haverá abundância sobre nossa mesa e os nossos inimigos verão isso e serão derrotados em nossa presença. Nossos olhos verão isso.

Unges a minha cabeça com óleo – Aqui fala da nossa intimidade com Deus. Óleo significa unção e renovo espiritual. Quando Jesus coloca esse óleo sobre a nossa cabeça, então saímos da superficialidade e entramos no sobrenatural de Deus, saímos da superfície e nos aprofundamos na Palavra de Deus. Começamos a fazer a diferença e todos começam a ver Cristo em nossa vida. Nosso testemunho é visível, não precisamos de muitas palavras, pois quando Deus unge alguém, todos aqueles que nos cercam passam a perceber. Portando, não importa quão escuro seja o vale que estejamos atravessando, não devemos temer mal algum, pois o nosso Pastor estará sempre conosco. Tudo o que precisamos fazer é nos colocar na posição de ovelhas, para que Ele nos conduza às águas tranquilas e aos pastos verdejantes.

Não sabe como fazer? Pergunte ao Espírito Santo

E eu pedirei ao Pai, e ele lhes dará outro Conselheiro para estar com vocês para sempre, o Espírito da verdade. O mundo não pode recebê-lo, porque não o vê nem o conhece. Mas vocês o conhecem, pois ele vive com vocês e estará em vocês. (João 14.16-17)

Naquela tarde eu realmente precisava de ajuda. Sentei-me em minha máquina de costura com a intenção de fazer várias lingeries, que já estavam encomendadas, para levar a uma feira livre naquela semana onde vendia-se de tudo um pouco, inclusive artesanato.

Eu tinha comprado um curso de lingerie pelo Correio, eu tinha os moldes, mas havia pouca explicação de como costurar e fechar cada peça.

Eu sempre costurei. Quando eu era menina, com doze anos, meu pai comprou uma máquina de costura e fui fazer um curso de costura e modelagem e, desde então, costurava minhas roupas, mas lingerie é um capítulo à parte, eu nunca havia feito uma.

Entusiasmada com o curso, fiz propaganda e apareceram algumas encomendas; o grande problema é que eu nunca tinha feito uma lingerie antes. Cortei várias peças e fui costurar a primeira. Peguei o elástico e fui esticando sem ter a menor noção do que estava fazendo. Ficou horrível, o elástico ficou todo franzido em uma parte da lingerie e no outro lado não tinha nada de franzido. Minhas amigas leitoras sabem bem do que estou falando. Quando peguei aquela peça em minhas mãos, quase chorei de tão apavorada que fiquei, não tinha o que fazer, aquela peça não tinha conserto e foi perdida.

Parei tudo o que estava fazendo e fiquei pensando no motivo pelo qual eu tinha aceitado aquelas encomendas, mesmo sem saber fazer aquilo. Então, fechei meus olhos e minha mente começou a trabalhar. Eu me lembrei do que está escrito na Bíblia: "Se algum de vocês tem falta de sabedoria, peça-a a Deus, que a todos dá livremente, de boa vontade; e lhe será concedida" (Tiago 1.5).

Foi aí que comecei a orar bem assim: "Senhor Espírito Santo, você que nos ensina todas as coisas, por favor me mostra como fazer estas peças, pois preciso entregar essa encomenda e, sinceramente, não sei como fazê-las". Então ouvi uma voz suave e bem audível em meus ouvidos: "Divida os espaços". Fiquei em estado de choque, mas me atrevi e perguntei: "Dividir os espaços?" A voz novamente disse: "Divida os espaços". Eu conto esse milagre até hoje para minhas alunas quando elas precisam de incentivo. Na mesma hora, peguei o elástico, quatro alfinetes e fui dividindo as peças em quatro partes, fui colocando um alfinete em cada marcação, costurei e "Oba! Ficou perfeita!", parecia que eu já fazia aquilo há muito tempo.

Esta experiência marcou muito minha vida espiritual e aumentou ainda mais minha intimidade com Deus. Sim, o Espírito Santo sempre vai falar conosco, Ele é uma pessoa, é a terceira pessoa da Trindade e melhor de tudo isso, Ele habita em nós. É uma pena que o mundo não o conheça, mas nós o conhecemos e podemos conversar com Ele. Aleluia!

ALEGRA-TE, O SENHOR LANÇOU FORA O TEU INIMIGO

O Senhor afastou as sentenças que eram contra ti e lançou fora o teu inimigo. O Rei de Israel, o Senhor, está no meio de ti; tu já não verás mal algum. Naquele dia se dirá a Jerusalém: Não temas ó Sião, não se afrouxem os teus braços. O Senhor teu Deus está no meio de ti, poderoso para salvar-te; ele se deleitará em ti com alegria; renovar-te-á no seu amor, regozijar-te-á em ti com júbilo. Os que estão entristecidos por se acharem afastados das festas solenes, eu os congregarei, estes que são de ti e sobre os quais pesam opróbrios. Eis que naquele tempo, procederei contra todos os que te afligem; salvarei os que coxeiam, e recolherei os que foram expulsos, e farei deles um louvor e um nome em toda a terra em que sofrerem ignomínia. Naquele tempo, eu vos farei voltar e vos recolherei; certamente farei de vós um nome e um louvor entre todos os povos da terra, quando eu vos mudar a sorte diante dos vossos olhos, diz o Senhor. (Sofonias 3.15-20)

O povo de Deus deve se regozijar por ter sido escolhido por Ele para salvação e também para fazer a diferença nesta Terra. Essa alegria não é uma alegria carnal, é uma reação sobrenatural que resulta da manifestação da graça de Deus sobre nossas vidas. O regozijo vem porque sabemos que fomos perdoados e não haverá mais castigo pelos nossos pecados. Essa é a nossa primeira vitória.

Nos versículos citados acima lemos que: "Deus afastou os teus juízos e exterminou o teu inimigo". Sabemos que sempre existiu e sempre existirá oposição aos fiéis de Deus. Você pode ser a pessoa mais calma na face da Terra, mas se for um servo de Deus, certamente terá inimigos. Essa oposição é totalmente espiritual. Mas graças a Deus que ele mesmo nos diz que esta peleja é dele. "Vocês não precisarão lutar nessa batalha" (2 Crônicas 20.17), ou seja, Ele está nos dizendo que o nosso inimigo já foi derrotado. Jesus fez isso por nós.

Muitas vezes os cristãos ficam tão perturbados diante das perseguições que não usam a autoridade que Deus deu a eles há mais de 2000 anos. É uma pena. Jesus diz a nós: "Resisti ao Diabo e ele fugirá de vós". Satanás tentou a Jesus três vezes, mas Ele repreendeu o Diabo usando a Palavra de Deus, até que o seu inimigo o deixou. Logo depois os anjos vieram servi-lo.

Esta é a maneira que Deus opera, pois através de Cristo afastou o nosso inimigo de nós. Jesus usou a Palavra, portanto faça o mesmo, use a Palavra de Deus para derrotar o Diabo. Na continuação dos versículos de Sofonias, lemos: "o Senhor está no meio de ti, tu não verás, mais mal algum". Romanos 8.31 também diz: "Se Deus é por nós, quem será contra nós".

Querido leitor, até aqui vimos como resistir ao nosso inimigo, agora vamos falar um pouquinho sobre a nossa confiança em Deus. Sabemos que é através da nossa experiência com Deus que o nosso relacionamento com Ele começa a crescer e depois, nas horas mais difíceis, nossos olhos espirituais começam a se abrir e ver o grande amor de Deus por nós. O versículo 16 da passagem de Sofonias, diz: "Não temas...". Em nossos dias, há grande incidência de medo, por isso vemos muitas pessoas deprimidas, com síndrome de pânico, mania de perseguição etc. Em razão disso, elas se sentem infelizes, além de se sentirem incapaz de realizar qualquer atividade ou desafio. Esses comportamentos acabam destruindo as pessoas.

Meu conselho, nesses casos, é sempre o mesmo: entregue tudo a Deus, pois Ele é plenamente capaz de resolver todos os nossos problemas. Li em um certo jornal cristão a seguinte frase: "Não diga a Deus o tamanho do seu problema, diga ao seu problema o tamanho do seu Deus". Assim deve ser a nossa confiança: firme e inabalável.

Na sequência do mesmo versículo de Sofonias lemos: "Não se enfraqueçam as tuas mãos". Deus está dizendo: confie em mim; eu sou contigo para te livrar de todo o mal". Provérbios 24.10 também diz: "Se te mostrares frouxo no dia da angústia, a tua força será pequena". Veja bem, quando você estiver em uma luta, Deus vai aproveitar essa dificuldade para ver até que ponto você confia nele. Não o decepcione!

Josué 1.9 diz: "Não fui eu que lhe ordenei? Seja forte e corajoso! Não se apavore, nem se desanime, pois o Senhor, o seu Deus, estará com você por onde você andar".

Ao rever a Palavra de Sofonias, vimos que Deus quer se deleitar em nós, com isso Ele renovará nossa alegria, seu amor por nós e vai se regozijar em nós com júbilo. Nunca duvide dessa proteção divina sobre sua vida. Jesus mesmo disse: "O ladrão vem apenas para furtar, matar e destruir; eu vim para que tenham vida, e a tenham plenamente" (João 10.10).

Tome posse dessa promessa!

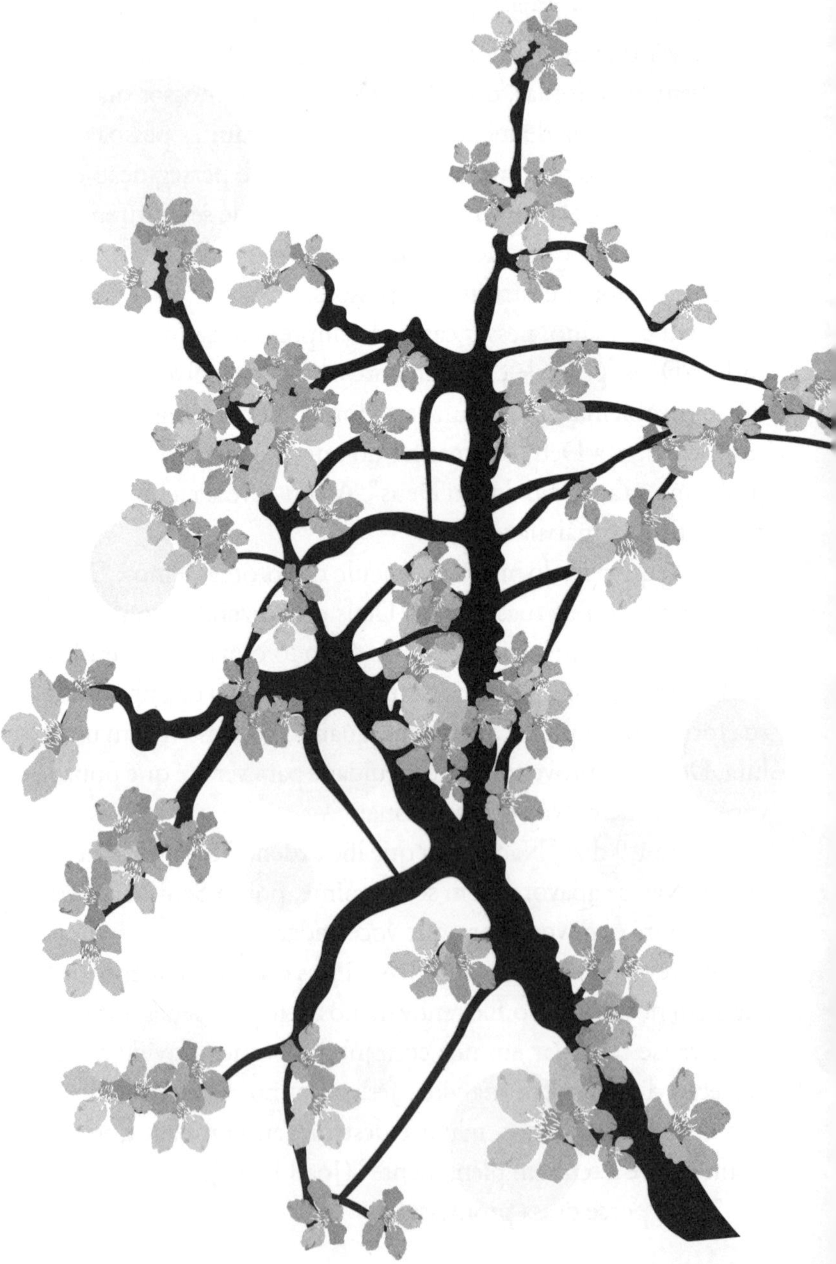

DANIEL NA COVA DOS LEÕES

Dario achou por bem nomear cento e vinte sátrapas para governarem todo o reino; e colocou três supervisores sobre eles, um dos quais era Daniel. Os sátrapas tinham que prestar contas a eles para que o rei não sofresse nenhuma perda. Ora, Daniel se destacou tanto entre os supervisores e os sátrapas por suas grandes qualidades, que o rei planejava colocá-lo à frente do governo de todo o império. (Daniel 6.1-3)

Sempre que meditamos nesta passagem bíblica ficamos maravilhados com o milagre realizado na vida de Daniel, não é mesmo? Portanto, convido você analisar de perto comigo como Deus operou esse milagre.

Deus opera milagres quando há merecimento e para isso a pessoa deve estar em perfeita sintonia com o Pai. Observaremos um pouco a vida de Daniel, ou seja, como ele se comportava em seu dia a dia no seu trabalho, com seus superiores e como era o seu relacionamento com Deus.

No trabalho, Daniel tinha o cargo de príncipe do rei. Os príncipes tinham que dar conta de que o rei não sofresse dano algum. Vimos, ao ler a Palavra, que Daniel foi tão eficiente no cumprimento de seu trabalho, que ele se destacou entre todos os príncipes e presidentes. Qual seria a razão de tanto sucesso na vida profissional de Daniel?

Para responder a essa pergunta, precisamos destacar alguns pontos relevantes desta passagem bíblica:

1. A Palavra diz que nele havia um espírito excelente. Os príncipes e presidentes estavam com inveja e procuravam alguma coisa que pudesse incriminar Daniel a respeito de seu trabalho no reino; contudo, eles não conseguiam achar nada, nem culpa alguma que o incriminasse.

2. Você sabe por que aqueles homens não conseguiam incriminá-lo? **Porque ele era fiel, e não se achava nele nenhum vício ou culpa.** É assim mesmo que acontece quando somos fiéis a Deus e a nossos superiores, ou seja, quando somos honestos em todas as situações, quando cuidamos de nossa vida e livramo-nos dos vícios e todas as maldades que praticávamos antes de ter um encontro com Deus. Contudo, quando falo em vícios, não estou falando de cigarros, bebidas. Vícios compreendem também nosso comportamento errado, palavras carregadas de maldade, maldições lançadas, mentiras, maus pensamentos, ciúmes. Estas coisas são os piores vícios; mas a Palavra diz que não foi achado nenhum vício nem culpa em Daniel. Então, aqueles príncipes procuraram incriminar Daniel em relação à lei de Deus. Daniel, ao saber o que estava acontecendo e prevendo a luta que estava reservada pra ele, foi fazer o que estava acostumado.

3. Três vezes ao dia, ele se punha de joelhos e orava e dava graças diante de seu Deus. Quando os príncipes encontraram Daniel em sua casa, ele estava orando. Ou seja, na hora da dificuldade, na hora da luta, Daniel estava de joelhos, orando e suplicando a Deus. Alguns cristãos, na hora da luta, perdem o ânimo, não oram, não buscam a Deus; mas lemos em Mateus 7.7-8: "Peçam, e lhes será dado; busquem, e encontrarão; batam, e a porta lhes será aberta. Pois todo o que pede, recebe; o que busca, encontra; e àquele que bate, a porta será aberta".

Deus não livrou Daniel da luta, pelo contrário, permitiu que seu servo fosse jogado dentro da cova dos leões, para que o Seu nome fosse glorificado. Algumas vezes, Deus permite lutas em nossa vida para nos testar. Ele quer ver se já aprendemos a manejar as armas da fé. Daniel não temeu, ele sabia que Deus iria livrá-lo; e ali, naquela cova, Deus enviou um anjo que fechou a boca dos leões.

Quantas vezes Deus já fechou a boca dos leões para salvar a minha e a sua vida, não é mesmo? Se não fosse a mão do Senhor, já teríamos sido engolidos vivos pelo nosso inimigo; mas Deus sempre manda o seu anjo, ou, se for necessário, envia um exército de anjos para pelejarem por nós nas batalhas mais difíceis; portanto, não tenha medo de nada. Tão somente procure viver uma vida de acordo com os mandamentos do Senhor, pois Ele nunca nos abandonará, estará sempre pronto para nos dar a vitória. Você pode fazer a prova e, ao final de tudo, o nome do nosso Deus será glorificado.

Depois de Daniel sair da cova são e salvo, o rei Dario fez um novo decreto, no qual constava que todos os homens deveriam temer o Deus de Daniel, pois Ele é o Deus vivo, para sempre permanente, e o seu reino não se pode destruir, seu domínio é até o fim. Ele livra, salva, opera sinais e maravilhas no céu e na terra. Ele livrou Daniel do poder dos leões. Aleluia!

Sempre que você estiver em uma luta terrível, lembre-se desta mensagem de Daniel. Ela deve ficar bem viva em nosso coração, pois da mesma maneira que houve tão grande livramento para Daniel, com certeza, Deus já preparou um grande livramento para você também. Basta acreditar.

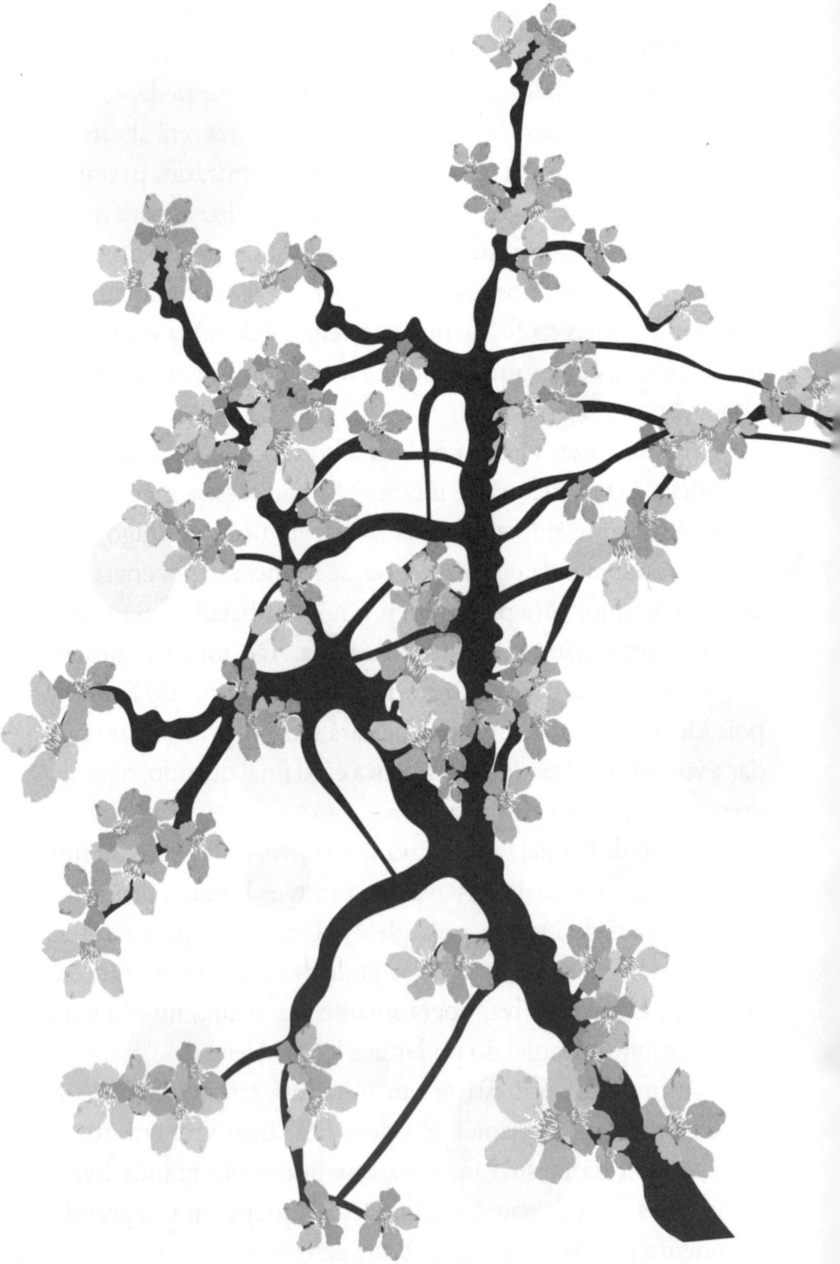

VENCENDO COM A CRUZ

Eu lhes disse essas coisas para que em mim vocês tenham paz. Neste mundo vocês terão aflições; contudo, tenham ânimo! Eu venci o mundo. (João 16.33)

Parece que nos dias em que estamos vivendo, uma coisa difícil de se encontrar é a paz. Isso é quase uma raridade. O que mais me preocupa é ver que até mesmo o povo cristão tem essa necessidade. Muitos andam desanimados com suas lutas, aflições e provações ao carregar a cruz. Chegam até a desistir, abandonam a cruz de Cristo.

Certa vez, ouvi um pregador internacional fazer a seguinte pergunta: Você sabe como é a matemática de Deus? Veja:

> **Eu sozinho** = Estou perdido.
>
> **Eu + a cruz** = Fica muito pesado para mim, ou seja, as lutas, os espinhos, as afrontas pelo amor de Cristo, tudo se torna tão difícil que acabo desanimando.
>
> **Agora: Eu + a cruz + Jesus** = Sou um filho de Deus. Agora a cruz continua, as lutas vêm, mas Jesus está comigo e somando isso às minhas forças, sou renovado e tenho a certeza da vitória.

Por que dentro da própria igreja vemos irmãos que estão longe de serem pessoas bem resolvidas e vencedoras? Vamos voltar à matemática de Deus. Alguns não querem nada, recusam a cruz; já outros carregam a cruz sozinhos; outros querem Jesus, mas não a cruz. Dessa forma, nenhum cristão vai ser vitorioso.

Jesus, certa vez, disse: "Se alguém quiser vir após mim, tome a sua cruz e siga-me". Bem, ele disse após mim, não é de qualquer maneira, deu para perceber? É com Jesus na frente. Se o Senhor está na frente, ele está no comando, logo, ao carregarmos nossa cruz, ele está conosco.

Ninguém consegue carregar a própria cruz sozinho. Quando Deus está no comando, Ele tem um plano para com nossa vida e enquanto você carrega sua cruz, muitas vezes Ele permite lutas. As provas vêm para testar você e Deus quer ver até que ponto você está comprometido com Ele. Lembre-se de que para chegar a Canaã, terra que mana leite e mel, deve ser pelo deserto. Deus testou aquele povo, contudo infelizmente muitos não passaram no teste, murmuraram contra Deus durante a caminhada. O povo de Israel adorou outros deuses, provocou a Deus de várias maneiras e, por isso, pereceu antes de chegar à Canaã; mas aqueles que estavam comprometidos com Deus, creram no Senhor e O obedeceram e entraram na terra prometida. Primeiro, Deus provou aquele povo e todos aqueles que passaram no teste foram grandemente abençoados.

Vamos dar uma olhadinha na vida de Jó – um homem chamado paciência. Jó venceu quatro atitudes desesperadoras, e que levariam qualquer um de nós a desfalecer.

– Jó venceu o pessimismo da esposa.
– Jó venceu o pessimismo dos seus três amigos.
– Jó venceu o próprio desânimo.
– Jó venceu o Diabo.

Jó sofreu muito durante sua prova, e olha que Deus era amigo de Jó, mas Ele havia sido desafiado pelo nosso inimigo. Deus então permitiu todo aquele sofrimento, porque no fundo Deus já sabia que Jó era fiel e passaria naquela prova sem murmuração.

Jó venceu tudo com paciência e fé e no auge de sua luta ele exclamou: "Eu sei que o meu Redentor vive e que no fim se levantará sobre a terra". E foi o que aconteceu, Deus se levantou e mudou o cativeiro de Jó, devolvendo ao seu servo tudo o que ele tinha perdido em dobro.

É assim que Deus trabalha, ele deixa a cruz pesar um pouco, mas quando vê em nós seu plano realizado, então estamos prontos. Deus vem e retira a prova!

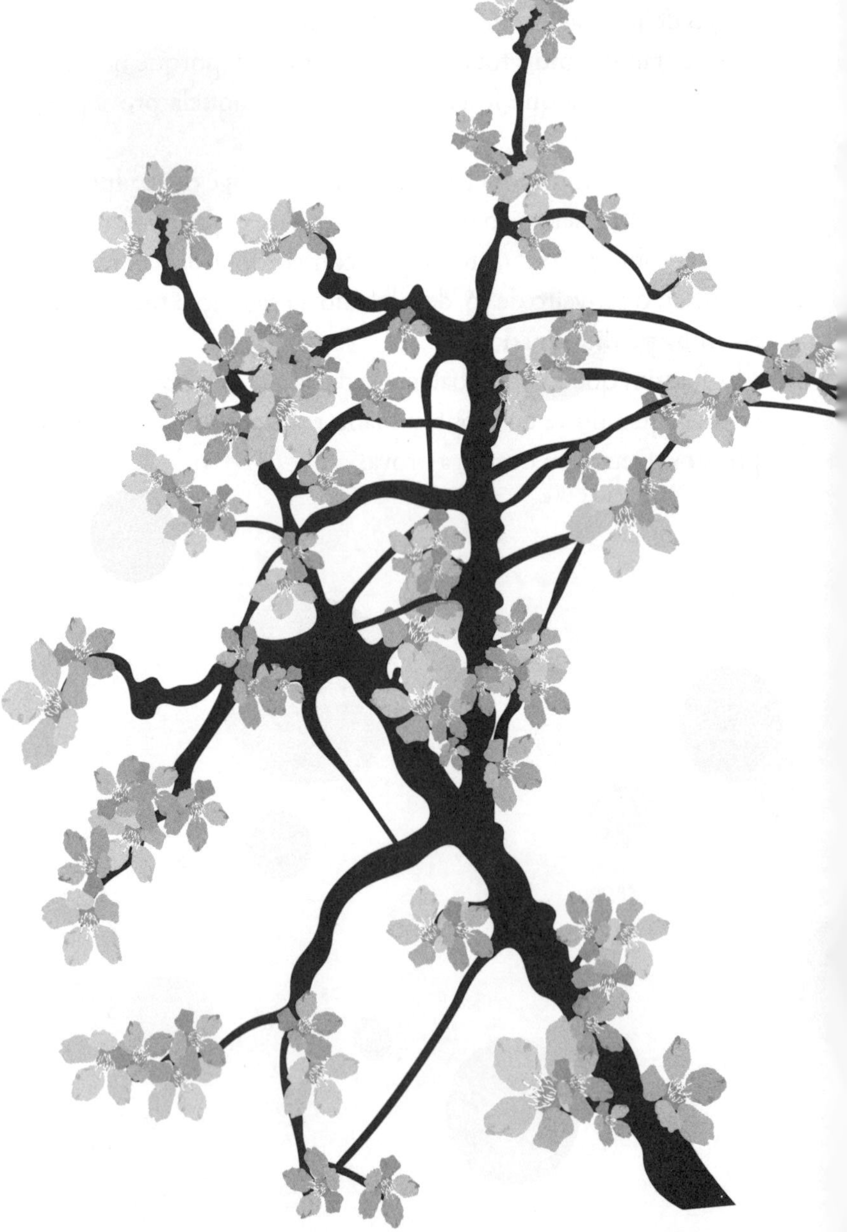

TEM ÁGUA NO DESERTO?

Toda a comunidade de Israel partiu do deserto de Sim, andando de um lugar para outro, conforme a ordem do Senhor. Acamparam em Refidim, mas lá não havia água para beber. (Êxodo 17.1)

Um pedaço de terra, no meio do nada, uma zona árida, sem a beleza de uma vegetação, composta da areia quente, escaldada pelo sol, sem nenhum vestígio de água por perto, assim é o deserto. Caso alguém se atreva a perguntar: Pode-se encontrar água no deserto? Muitos responderiam rapidamente: "Não, o deserto é desprovido de água". Todavia, eu posso afirmar com convicção outra verdade. Quando Jeová Jiré, Deus da provisão, está no deserto, tem água sim, e também tem pão, carne, tudo. Ele é supridor de todas as necessidades, independentemente de qualquer situação ou ambiente.

Ele matou a sede de Ismael e Hagar no deserto, fez aparecer um poço de água onde só tinha areia. Quando os hebreus caminhavam pelo deserto, à beira da morte por causa da sede, Deus fez sair água da rocha e saciou a sede de todos. Foi esse mesmo Deus que providenciou alimentos para mais de um milhão de pessoas no deserto de Sim. Lá não havia padarias nem mercado, então como ele alimentou tantas pessoas?

Deus fez chover pão do céu. Êxodo 16.4 relata a nós que Deus mandava o maná, todos os dias, e os israelitas comiam até se fartarem. O maná era como sementes de coentro branco e o seu sabor era como de bolos de mel. Contudo, nessa mesma época, o povo começou a murmurar porque queriam comer carne, então Deus trouxe codornizes para o acampamento por meio de um vento forte, em grande quantidade, e essas aves se espalharam por quilômetros ao redor do arraial.

Deus também dispensou um cuidado todo especial com as roupas e calçados daquele povo, pois no deserto não tinha onde comprar nada. Ele não deixou envelhecer a roupa e os calçados dos hebreus, eles usaram a mesma roupa e as mesmas sandálias durante 40 anos. As roupas e os calçados cresciam juntamente com as crianças. Elas cresciam e as roupas e os calçados também cresciam. Era um milagre extraordinário.

Às vezes, passamos por situações bem difíceis, pois vivemos em uma época de tempos trabalhosos, mas o nosso Deus ainda é o mesmo. Sempre nos dirá que lancemos sobre Si todas as nossas necessidades e nos proverá tudo. Lembre-se, não há impossíveis para Deus.

O deserto sempre foi o cenário predileto para Deus atuar, manifestando seu poder em nossas vidas. Qual é o deserto que você está atravessando hoje? Não se desespere. Deixe Deus tomar conta de sua vida, pois Ele suprirá todas as suas necessidades e te abençoará em todos os seus projetos, a fim de que você prospere por onde quer que ande.

LEVANTAI-VOS, MULHERES!

Vocês, mulheres tão complacentes, levantem-se e escutem-me! Vocês, filhas que se sentem seguras, ouçam o que lhes vou dizer! (Isaías 32.9)

Jesus falou que o Evangelho precisa ser pregado em toda a Terra. Para esta grande obra Ele está chamando homens e mulheres e, como a ceara é muito grande, Deus precisa aumentar o número de ceifeiros. Contudo, na palavra citada acima, Deus está falando diretamente com as mulheres.

Deus sempre usou as mulheres, mas em nossos dias elas estão bem acomodadas, envolvidas com tantas coisas, buscando as alegrias passageiras do dia a dia. Seus olhos estão mais atentos ao mundo ao seu redor do que na eternidade, vivem como se fossem ficar aqui para sempre, acomodaram-se em sua zona de conforto.

Nesse mesmo capítulo, no verso 11, Deus fala: "Tremei mulheres que viveis despreocupadamente; turbai-vos, vós que estais confiantes...". Parece que Deus está muito bravo conosco, não é mesmo? Mas não é nada disso, Deus quer nos levantar como intercessoras para clamar por nossa casa, família, cidade e prosperidade, a fim de que o maligno não toque naquilo que Ele nos deu. Precisamos estar antenadas, pois o mal chega de repente, quando menos esperamos. Ele se apresenta e destrói tudo, como Deus mesmo nos mostra nessa palavra. Quando o mal vem sobre a Terra, o povo sofre, pois na cidade onde havia alegria as casas são abandonadas e aquele lugar fica deserto; mas quando mulheres virtuosas se colocam na brecha e começam a interceder até que sejam contagiadas pelo Espírito lá do alto, então Deus se move em nossa direção e milagres sobrenaturais começam a acontecer. Onde estava deserto, cria-se um lindo pomar, como se fosse um bosque.

Deus faz com que o juízo habite no deserto e a justiça more no pomar. O efeito da justiça será repouso e segurança para sempre. Tudo o que Deus queria era nos mostrar que o desejo dele é que seu povo habite em moradas de paz, moradas bem seguras e em lugares quietos e tranquilos. Tudo o que precisamos fazer é nos colocar na brecha e interceder para que o mal não tenha poder sobre nossa vida.

Deus sempre usou as mulheres. Quando Ele ressuscitou a Jesus, Ele apareceu primeiro às mulheres, falou com Maria Madalena, a primeira missionária, "ide e anunciai". O primeiro ide foi dirigido a nós, mulheres. Será que estamos respondendo a essa confiança depositada em nós? Precisamos nos colocar em pé, na presença de Deus e interceder para que nós e nossa casa seja uma morada de paz e bem segura.

UM VALE DE OSSOS SECOS

A mão do Senhor estava sobre mim, e por seu Espírito ele me levou a um vale cheio de ossos. Ele me levou de um lado para outro, e pude ver que era enorme o número de ossos no vale, e que os ossos estavam muito secos.
(Ezequiel 37.1)

Encontramos em toda a Bíblia relatos tremendos de grandes milagres, desde Gênesis até Apocalipse, mas a revelação anterior supera todas as nossas expectativas de fé, como filhos de Deus. Para o homem natural, sem crença, isso seria um absurdo, totalmente impossível; pois para ele isso seria a encarnação da desesperança.

Quando pregamos o Evangelho, atentamos para as coisas possíveis que estão ao nosso alcance, mas um profeta lida com o impossível.

No vale de ossos secos visto por Ezequiel, a situação era muito difícil, a enfermidade avançara e dera lugar à morte, e a morte à desintegração orgânica; ali estava um monte de ossos desarticulados, notava-se a própria imagem do desespero. Era uma situação para se dizer: sem solução.

Para realizar o que é possível, não é necessário ter fé. No entanto, basta uma quantidade insignificante dessa substância para se realizar o impossível, já que a fé e a palavra que sai da nossa boca são suficientes para transportar os montes de um lugar para outro.

Deus não conta com a nossa capacidade, mas com a dependência Dele, isto é, Ele quer unir a nossa incapacidade com a sua onipotência, para que a palavra impossível seja riscada de nosso vocabulário.

Precisamos depender de Deus para realizar a sua obra. Deus perguntou a Ezequiel: "Filho do homem, poderão viver esses ossos?". Ezequiel respondeu: "Ó Soberano Senhor, só tu o sabes" (Ezequiel 37.3). Deus estava testando Ezequiel.

Sabe por que o profeta foi aprovado por Deus? Ele conhecia a Deus profundamente, ele sabia que o Senhor criara o homem do pó da terra, porventura não poderia insuflar vida naqueles ossos? Claro que poderia. Então, Ezequiel vira para aquele monte de ossos e diz: "[...] ossos secos, ouçam a Palavra do Senhor" (Ezequiel 37.4).

Que tal Deus chegar a um de nós e mandar profetizar sobre um monte de ossos secos? Ficaríamos assustados, não é mesmo? Contudo, sempre que Deus estiver no comando, o milagre vai acontecer.

O Senhor poderia ter feito tudo sozinho, pois Nele habita todo o poder, mas precisou usar um homem, igual a mim e a você, como instrumento para nos deixar a seguinte mensagem: "Que a tarefa urgente de restaurar vidas, mortas no pecado, hoje, compete a mim e a você".

Vejamos a ação sobrenatural de Deus: "E eu profetizei conforme a ordem recebida. E, enquanto profetizava, houve um barulho, um som de chocalho, e os ossos se juntaram, osso com osso" (Ezequiel 37.7). Que Maravilha! Mas, o que vale um bando de esqueletos?

O milagre precisava continuar... era necessário criar carne e pele sobre aqueles esqueletos. Era a segunda fase do sobrenatural que ainda não estava completa. O vale estava cheio de cadáveres.

Teriam esses cadáveres algum valor para Deus? Ainda não, pois cadáveres têm olhos, mas não veem; têm mãos, mas não podem lutar; têm pés, mas não podem caminhar. O trabalho precisava continuar. Então Ezequiel continuou profetizando conforme Deus ia lhe ordenando, e o Espírito entrou naqueles cadáveres e eles viveram.

Os ossos secos representavam toda a casa de Israel durante o exílio, quando foram dispersos entre os pagãos, mas, trazendo para os nossos dias, mostram a humanidade perdida, sem salvação, morta em seus delitos e pecados. Hoje, somos os profetas de Deus, e Ele pode nos usar nesta missão de revivificação de seres humanos que tanto precisam nascer de novo.

Portanto, não devemos nos assustar se o Senhor colocar um monte de ossos secos à nossa frente. Profetizaremos sobre eles e, pela bendita e celestial Palavra de Deus, com certeza eles viverão.

Estes vales estão por toda parte, é só você prestar atenção à sua volta e você irá encontrá-los, pode ser até mesmo em sua própria família. Esteja preparado para profetizar vida sobre todos aqueles que estão mortos, espiritualmente falando, e eles reviverão.

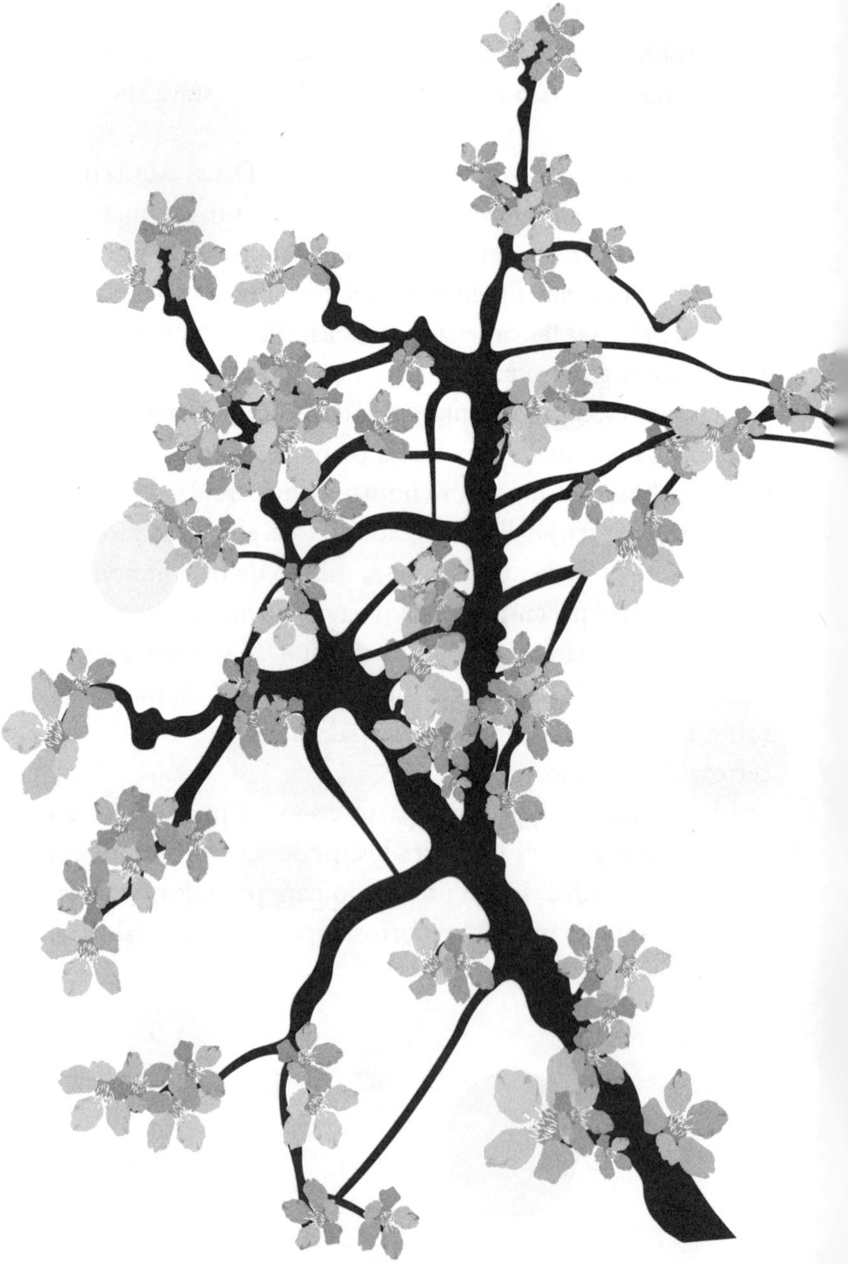

FAMÍLIA FELIZ

Por essa razão, o homem deixará pai e mãe e se unirá à sua mulher, e os dois se tornarão uma só carne. (Efésios 5:31)

Uma família será feliz apenas se for constituída no espírito da Família de Deus. Como os filhos são criados para a glória dos pais, também a família foi criada para a eterna glória de Deus.

O Senhor Jesus veio a este mundo para restabelecer os valores morais e espirituais que o inimigo tinha destruído na queda da primeira família. Quando o homem se submete à Palavra do Senhor, o Reino de Deus é estabelecido no coração de cada um.

Quando um casal vive a sua vida de acordo com a Palavra de Deus, o seu lar se torna um pedacinho do céu, seus filhos são obedientes e a família é feliz.

Para que os cônjuges descubram este segredo, antes de mais nada, eles precisam cultivar a amizade. Existem pessoas casadas, mas que vivem só, não conseguem realizar uma amizade nem com a pessoa que dorme na mesma cama com ela. Casamento é andar juntos, pensar juntos, ser feliz juntos. Deus disse: "Não é bom que o homem esteja só, farei para ele alguém que o auxilie e lhe corresponda" (Gênesis 2.18), isto é, que o faça feliz. Cuide de seu marido. Cuide de sua esposa. É necessário que haja um perfeito entrosamento entre os dois, caso contrário vão viver uma vida turbulenta, como muitos estão vivendo atualmente.

"Quem encontra uma esposa encontra algo excelente; recebeu uma bênção do Senhor" (Provérbios 18.22); "Uma esposa exemplar; feliz quem a encontrará? É muito mais valiosa que os rubis. Seu marido tem plena confiança nela e nunca lhe falta coisa alguma. Ela só lhe faz o bem, e nunca o mal, todos os dias da sua vida" (Provérbios 31.10-12). Esta palavra é uma referência para todas nós, mulheres de Deus. Esta é a grande bênção que um homem pode achar no mundo: Uma pessoa que seja sua companheira, sua amiga, sua mulher, sua joia rara, enfim, que seja sua alma gêmea.

A maior bênção de Deus é um casamento feliz!

NASCER DE NOVO

Em resposta, Jesus declarou: "Digo-lhe a verdade: Ninguém pode ver o Reino de Deus, se não nascer de novo". (João 3.3)

Por que precisamos nascer de novo? Porque quando o homem nasce, já nasce em pecado, por causa do pecado de Adão. Para conhecer a Deus, num relacionamento pessoal com Ele, uma vez que carne e Espírito pertencem a reinos diferentes.

- **Para entrar no céu.** Em João 3.3 está escrito: "Ninguém pode ver o Reino de Deus, se não nascer de novo".

- **Para resistir ao pecado.** 1 João 3.9 diz que todo aquele que é nascido de Deus não vive na prática do pecado.

Quando Jesus disse a Nicodemos que "aquele que não nascer de novo não pode ver o reino de Deus", Nicodemos perguntou: "Como pode um homem nascer, sendo velho?". Jesus respondeu: "Na verdade, na verdade te digo que aquele que não nascer da água e do Espírito não pode entrar no reino de Deus. O que é nascido da carne é carne, e o que é nascido do Espírito é espírito". O novo nascimento é o renascimento do espírito humano. Efésios 2.10 diz: "Porque somos criação de Deus realizada em Cristo Jesus para fazermos boas obras, as quais Deus preparou de antemão para que nós as praticássemos".

Deus nos mostra em sua Palavra alguns exemplos disso, como a parábola do oleiro em Jeremias 18.1-6, quando Deus manda Jeremias descer até a olaria e ao chegar lá o profeta ficou observando o trabalho do oleiro, viu que quando o vaso quebrava na mão do oleiro, ele amassava o barro novamente e fazia outro vaso do mesmo barro; enquanto Jeremias observava, Deus perguntou a Jeremias: "Não poderei eu fazer de vós, como fez este oleiro? Diz o Senhor: assim sóis vós na minha mão."

Deus é um oleiro por excelência, Ele tem todo o poder para transformar vasos quebrados em vasos novos de grande valor.

Vejamos alguns exemplos de vasos que foram transformados por Deus: Em Josué 2.6 vemos que uma prostituta, chamada Raabe, foi salva e transformada. Deus transformou aquele vaso de desonra em um vaso santo para glorificar o seu nome.

No Novo Testamento, encontramos outro exemplo de vaso, Saulo de Tarso. Ele era um perseguidor do Evangelho, mandava matar os cristãos, mas quando ele teve um encontro com Jesus, foi automaticamente transformado em Paulo, o grande pregador das boas-novas. Mais um vaso que foi remodelado nas mãos de Deus para glorificar o Seu nome.

Deus não remenda um vaso, Ele faz um novo; mas para haver transformação na vida de alguém é preciso permitir que o Oleiro trabalhe em sua vida, é preciso deixar-se ser transformado por Ele.

Em 2 Coríntios 5.17 está escrito: "Portanto, se alguém está em Cristo, é nova criação. As coisas antigas já passaram; eis que surgiram coisas novas!". Quais são as coisas velhas? A mentira, a prostituição, a idolatria, aquele que roubava, não rouba mais, a murmuração. Cuidado com a murmuração, a

Bíblia diz que a murmuração é como pecado de feitiçaria. Pare de murmurar. Nada está bom para você. Cuidado! O povo de Deus murmurou no deserto e morreu lá mesmo, não entrou na nova Canaã, a terra da promessa. Deus detesta murmuração. Precisamos nos esforçar para não praticar as coisas velhas, não podemos andar no pecado, se é que já nascemos de novo; 1 João 5.18 diz: "Sabemos que todo aquele que é nascido de Deus não está no pecado; aquele que nasceu de Deus o protege, e o Maligno não o atinge".

Pecar é errar o alvo, mas quando alguém aceita a Cristo, seu espírito é recriado, e como é gerado de Deus, conserva-se a si mesmo. Agora essa pessoa tem autoridade sobre o mal, pois ao usar a Palavra de Deus, ela se torna uma pessoa vitoriosa.

Quando nascemos de novo, não há mais nenhuma condenação para nós, pois em Romanos 8.1-2 está escrito: "Portanto, agora já não há condenação para os que estão em Cristo Jesus, porque por meio de Cristo Jesus a lei do Espírito de vida me libertou da lei do pecado e da morte". Em Cristo, temos poder para vencer o mundo; 1 João 5.4 diz: "O que é nascido de Deus vence o mundo; e esta é a vitória que vence o mundo: a nossa fé". Vencer o mundo significa que, através de Cristo, temos poder para vencer todos os obstáculos, problemas de toda natureza, física, mental e espiritual. Problemas familiares, financeiros, enfim... qualquer dificuldade é vencida através da fé e da certeza de que o Senhor Jesus, através de sua morte, nos capacitou e nos equipou com tudo o que é necessário para vencer o mundo.

Mas o que somos em Cristo após o novo nascimento? Conforme o que está escrito em 1 Pedro 2.9, somos:

1. geração eleita;
2. sacerdócio real;
3. nação Santa.

Somos um povo adquirido, isto é, fomos comprados por um preço, fomos comprados pelo sangue de nosso Senhor Jesus Cristo.

Em que nos tornamos com o novo nascimento?

1. herdeiros de Deus;
2. embaixadores de Cristo.

Romanos 8.17 diz: "Se somos filhos, então somos herdeiros; herdeiros de Deus e co-herdeiros com Cristo [...]". **É algo maravilhoso quando descobrimos isso,** somos herdeiros de Cristo, isto é, somos seus sucessores, logo estamos recebendo Dele por herança dons e poderes sobrenaturais para fazer sua obra, para operar milagres e maravilhas e, com isso, o nome de Deus é glorificado. Efésios 2.6 diz assim: "Deus nos ressuscitou com Cristo e com ele nos fez assentar nos lugares celestiais em Cristo Jesus". Veja que, através do novo nascimento, somos herdeiros e estamos assentados nas regiões celestiais, isto é, Cristo entrega a todos os que são seus e buscam o conhecimento da sua Palavra, poder e autoridade para determinar a vitória em suas vidas. Que maravilha!

Em segundo lugar, tornamo-nos embaixadores de Cristo. 2 Coríntios 5.20 diz: "Portanto, somos embaixadores de Cristo, como se Deus estivesse fazendo o seu apelo por nosso intermédio [...]".

Você sabe o que é ser um embaixador? Por exemplo: o presidente dos Estados Unidos precisa resolver um problema aqui no Brasil e ele não pode vir pessoalmente resolvê-lo, então ele pede ao Embaixador dos Estados Unidos no Brasil que resolva o problema, isto é, ele tem autoridade para atuar em nome do presidente. Você entendeu? Assim somos nós, ou seja, temos autoridade para resolver qualquer dificuldade, repreender o mal e determinar a vitória em nossa vida, sempre em nome de Jesus, é claro!

Portanto, precisamos nascer de novo a fim de nos tornarmos verdadeiramente filhos de Deus.

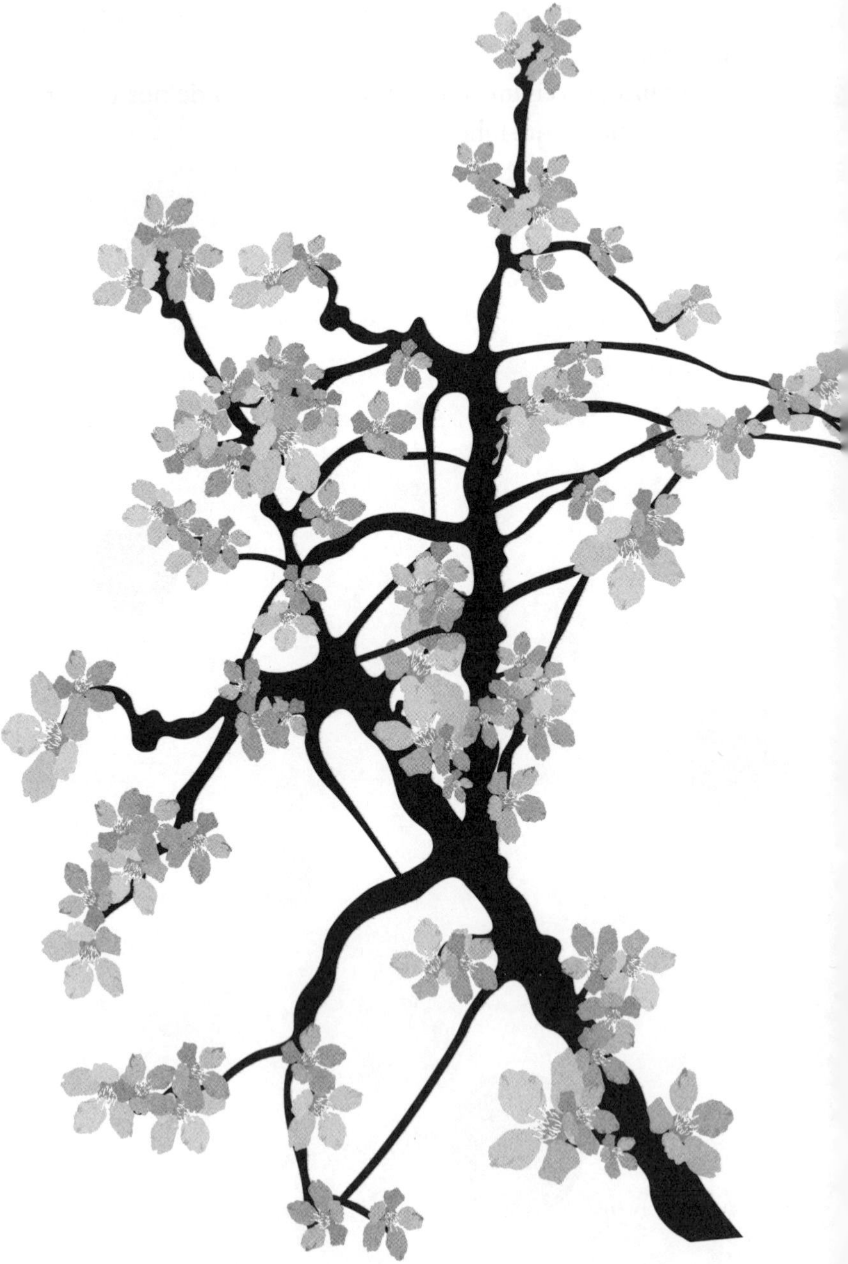

A PARÁBOLA DOS TALENTOS

E também será como um homem que, ao sair de viagem, chamou seus servos e confiou-lhes os seus bens. A um deu cinco talentos, a outro dois, e a outro um; a cada um de acordo com a sua capacidade. Em seguida partiu de viagem. (Mateus 25.14-15)

A parábola dos talentos nos mostra que nosso galardão no céu dependerá de nossa fidelidade e nosso serviço aqui; mas também nos mostra o segredo para sermos bem-sucedidos enquanto estivermos aqui na Terra, no lugar onde Deus nos colocou para fazer a diferença.

O talento representa nossas aptidões, vocação, tempo, recurso financeiro e oportunidades para servir ao Senhor, enquanto estamos neste mundo. Todas estas coisas foram dadas por Deus a nós. Ele confiou esses talentos para que os administremos da maneira mais sábia possível.

Nesta parábola, Jesus fala do homem que recebera cinco talentos, saiu depressa para negociá-los e logo ganhou mais cinco talentos. Esse é o segredo, agilidade para fazer o trabalho que lhe fora confiado, não perdeu tempo com dúvidas, "será que vou conseguir, multiplicar tantos talentos assim?". Ele tinha uma visão de águia, enxergava longe. Creio que por esse motivo ele deve ter recebido o maior número de talentos, não é mesmo?

Do mesmo modo, o que recebera dois talentos saiu para negociar e ganhou mais dois talentos. Este também mostrou ser um bom administrador, multiplicando os talentos de seu senhor.

Agora vem a parte triste da história, e que infelizmente acontece muito em nossos dias. Aquele homem que recebera um talento saiu, abriu uma cova e escondeu o dinheiro do seu senhor. Quando o senhor daqueles servos voltou para ajustar as contas com eles, aos dois primeiros, ele disse: "Muito bem, servo bom e fiel; foste fiel no pouco, sobre o muito te colocarei"; mas, quando chamou o que recebera um talento, ele foi logo tentando se justificar, pois tinha escondido o talento. Então, o senhor daquele servo disse: "Devias ter entregue meu dinheiro aos banqueiros, e eu receberia com juros o que é meu quando voltasse. Tirai-lhe, pois, o talento, e dai ao que tem dez. Porque todo o que tem se lhe dará, e terá em abundância; mas o que não tem, até o que tem lhe será tirado".

Sabe o que Jesus nos ensinou nesta parábola? Ele ensinou o quanto precisamos ser diligentes, ter foco e determinação para sermos bem-sucedidos em uma tarefa como esta, onde precisamos de resultados que convençam nossos espectadores.

Hoje se fala muito em empreendedorismo, onde se diz que, para atingir resultados, é necessário ter foco, organização e produtividade. Não foi isso que Jesus nos ensinou aqui?

Agora, vamos trazer para nossa vida espiritual. Jesus nos ensinou um princípio importante sobre o nosso galardão no céu, ou seja, o que cada um receberá no futuro reino de Deus. A Palavra nos mostra que precisamos multiplicar os talentos que Deus nos deu.

Você sabe qual é o seu talento, qual é sua vocação e como multiplicá-los? Em primeiro lugar, vamos usar aquilo que Deus já nos deu, por exemplo, o dom da fé.

Qualquer trabalho que você fizer para Deus, ou para você mesmo, precisará usar este dom, através dele somos capacitados a realizar grandes obras.

Usando a fé você vai motivar as pessoas a valorizar o recurso inicial para a multiplicação. Vejamos alguns exemplos na Bíblia: "A multiplicação do azeite da viúva". Os credores queriam que a mulher pagasse a dívida do marido que havia morrido; a princípio, ela disse: "Eu não tenho nada a não ser uma botija de azeite". Preste atenção, toda pessoa tem um recurso inicial, mas o inimigo sempre vai forçar você a dizer que não tem nada, que você não sabe fazer nada. Mas você tem alguma coisa, ou sabe fazer algo, e o que você tem será suficiente para realizar o milagre da multiplicação.

Deus disse para Moisés: "Moisés, tira o meu povo do Egito". Moisés respondeu: "Mas, Senhor, nem falar direito eu sei, sou duro de língua". Deus disse: "Moisés! Declara-me o que tens nas mãos! Tenho uma vara". E Deus mostrou a Moisés o que ele podia fazer com uma vara.

Jesus estava pregando para uma grande multidão, o povo precisava comer. Jesus perguntou: "O que tendes aí para comer?" E um menino apresentou cinco pães e dois peixinhos. Com isso, Jesus multiplicou de tal forma os cinco pães e os dois peixes, que foi suficiente para alimentar mais de cinco mil pessoas, e ainda sobraram doze cestos cheios. Aquele menino valorizou o pequeno recurso que possuía.

Precisamos valorizar aquilo que temos. Deus não precisa que estejamos cheios de muitas coisas, mas que usemos o dom da fé, que Ele nos deu para multiplicar aquilo que já possuímos.

Descubra qual é a sua vocação, ou seja, o que Deus colocou em suas mãos, multiplique isso quantas vezes for necessário para garantir uma vida bem-sucedida aqui, e, por fim, na eternidade.

NÓS SOMOS O SAL

O sal é bom, mas se deixar de ser salgado, como restaurar o seu sabor? Tenham sal em vocês mesmos e vivam em paz uns com os outros. (Marcos 9.50)

Somos o sal! Jesus disse isso. Se formos insípidos, como salgaremos?

Somos responsáveis para temperar aqueles que estão ao nosso redor; isso ocorrerá quando o Espírito Santo estiver em nós, produzindo os seus frutos.

Mas onde começaremos a temperar?

Primeiramente em nosso lar. Não adianta trabalharmos entre estranhos e abandonar nossa família, a célula máter da sociedade, criada pelo nosso Deus.

O lar é um campo vasto, carente das boas-novas, mas tem sido negligenciado por muitos.

Se você deseja temperar bem, comece pelo seu lar. Faz parte do plano de Deus que a mulher cristã seja sábia e edifique a sua casa. Mas como isso é difícil, não é mesmo? Falando em edificar, lembrei da mulher mencionada em Provérbios 31. Essa mulher sabe temperar muito bem, tanto que até ficamos meio pasmas quando lemos sobre ela. Ela pode fazer tudo. É uma ótima esposa e mãe, administra a casa, dirige um negócio, cozinha, costura – parece que nunca se cansa. Ela parece perfeita. A dedicação dessa mulher nos assusta um pouco, não é mesmo? Mas Deus quer que sigamos esse mesmo caminho. Ele quer que sejamos mulheres virtuosas. Semeadoras da Palavra dentro de nossa casa.

Para temperar você vai precisar de:

a. Oração, oração e oração.

b. Amar e ler muito a Palavra de Deus.

c. Ter empatia, isto é, conhecer as necessidades das pessoas.

d. Rir com os que estão alegres e chorar com os que estão tristes.

e. Ser imparcial, não tomar partido; se sua melhor amiga estiver errada, seja franca com ela.

f. Ter algumas noções de psicologia. Ler bons livros e pedir sabedoria a Deus.

g. Refletir sobre cada palavra antes de pronunciá-la. As palavras têm o poder de encorajar ou abater as pessoas. Por causa de palavras não medidas, duras e desprovidas de misericórdia, lares são destruídos, filhos abandonam os pais, travam-se grandes conflitos entre colegas de trabalho, amizades são rompidas etc., porque "a palavra dura suscita a ira" (Provérbios 15.1). Todo cuidado com as palavras ainda é pouco, pois uma vez proferidas, jamais podem ser recolhidas. A língua desenfreada pode causar danos irreparáveis. O salmista Davi sabia disso muito bem e para precaver-se pediu a Deus com sinceridade: "Coloca, Senhor, uma guarda à minha boca; vigia a porta de meus lábios" (Salmos 141.3).

Como sal, precisamos estar submissos ao Senhor Jesus Cristo, para que o fruto do Espírito Santo torne-se visível em nós.

Quando você ofender alguém, haverá um grande desejo de consertar a cerca quebrada. Você dirá à pessoa ofendida: "Perdão, o que posso fazer para consertar essa situação?" Atitudes como esta permitem que cercas quebradas se tornem pontes de amor e cura.

O apóstolo Paulo nos aconselha a esse respeito: "O seu falar seja sempre agradável e temperado com sal, para que saibam como responder a cada um" (Colossenses 4.6).

Portanto, vamos salgar! Nem muito, nem pouco, mas na medida exata de Cristo. Nós somos o sal!

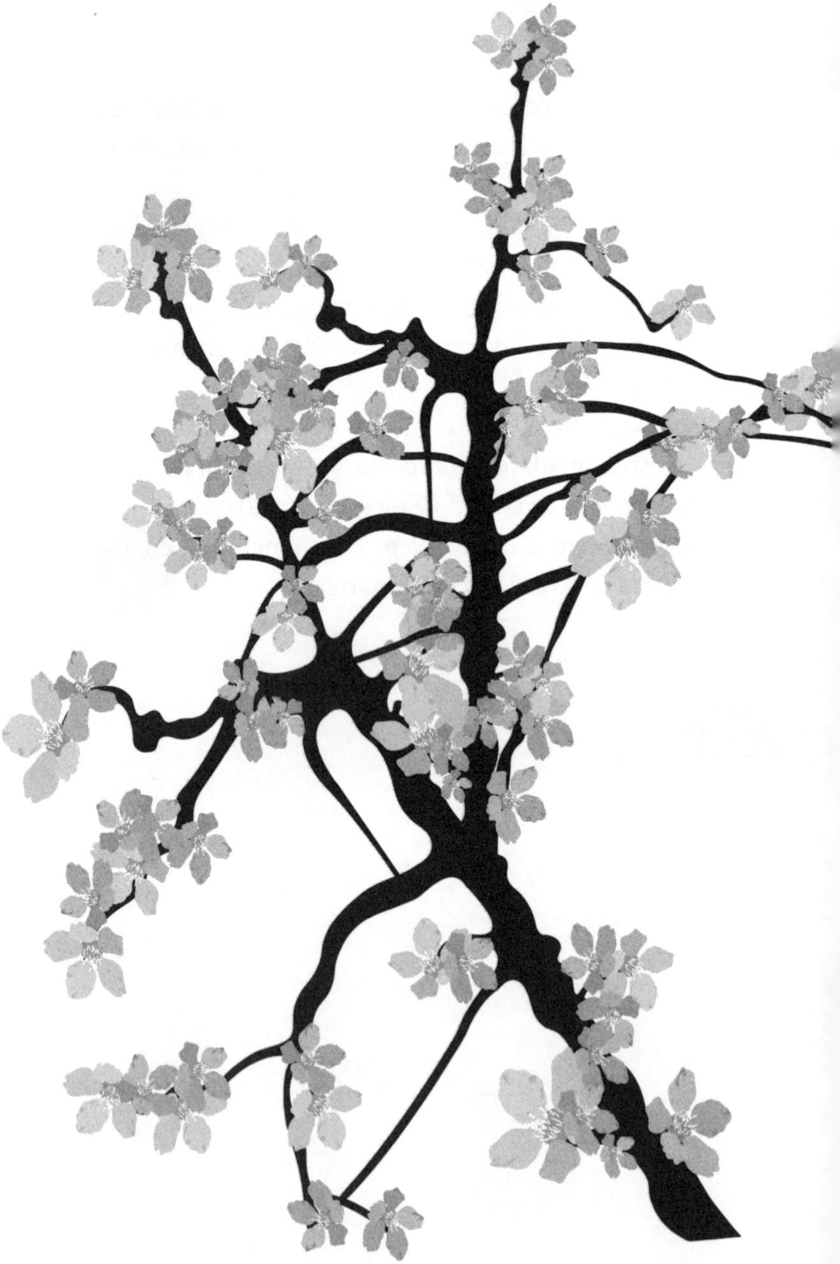

VOCÊ SE SENTE VAZIO?

Todos os rios vão para o mar, contudo o mar nunca se enche; ainda que sempre corram para lá, para lá voltam a correr.
(Eclesiastes 1.7)

Você não se sente assim? Como um grande mar que recebe a água de rios: dinheiro, prazeres, amizades, sucesso, trabalho, drogas, festas, contudo, nada disso preenche o vazio.

Quanto mais coisas se tem para fazer, mais vazio a pessoa se sente.

O homem moderno foi capaz de descobrir o que há dentro do átomo, mas não consegue entrar em si mesmo para descobrir o que lhe falta, ou seja, a causa do vazio em sua vida. Nunca houve na história um tempo de tanta liberdade como hoje. Por que o ser humano vive tão preocupado? O que lhe falta para ser verdadeiramente feliz?

Vamos voltar um pouco no tempo para entender a trágica condição do ser humano. O grande problema é o sentimento de culpa e isso ele não sabe explicar; é o que gera o desespero. O pecado arruinou a vida dos nossos primeiros pais, Adão e Eva; tudo era lindo, o solo era fértil, não havia desertos, tudo era perfeito. O homem foi colocado ali para ser feliz, mas o inimigo andava solto. Então Deus disse a eles: "Não se aproximem desta árvore". Por que não? Porque Deus sabia que ali o inimigo poderia pegá-los.

Não sei qual é o seu ponto frágil, mas é exatamente neste ponto que o inimigo tentará atacá-lo.

Cuidado! Eva virou-se e o que viu? Você pensa que ela viu o Diabo? Não! Ele não é tolo, ele não se apresenta como Diabo. Mas você sabe o que ela viu? Uma serpente. Hoje ele continua se escondendo através do cigarro, da bebida, das drogas e até mesmo de uma falsa religião. Mas ele não mostra a miséria de um pulmão podre, não mostra o desespero que o jovem sente quando passa o efeito das drogas, nem o vazio do coração pela falta da presença de Deus.

Quando o pecado se manifestou, Deus intercedeu, mandando seu filho amado, Jesus Cristo, para morrer em uma cruz, levando sobre si toda a culpa por nossos pecados: "Portanto, agora já não há condenação para os que estão em Cristo Jesus, porque por meio de Cristo Jesus a lei do Espírito de vida me libertou da lei do pecado e da morte" (Romanos 8.1-2).

O homem foi criado por Deus e para Deus. Sua vida terá sentido apenas quando entender isso. Por mais que tente outras coisas, o homem jamais se sentirá realizado, pois deve reconhecer que precisa de Deus.

Experimente entregar sua vida a Cristo! Deixe Deus preencher sua vida. Nunca mais você vai se sentir vazio.

O ARREBATAMENTO E AS BODAS DO CORDEIRO

Feliz aquele que lê as palavras desta profecia e felizes aqueles que ouvem e guardam o que nela está escrito, porque o tempo está próximo. (Apocalipse 1.3)

Temos visto com o passar dos anos que muitas profecias contidas na Palavra de Deus referentes ao final dos tempos já estão se cumprindo e aquelas que ainda faltam, tenha certeza, vão se cumprir. Na Bíblia está escrito que o arrebatamento da Igreja se dará como um piscar de olhos, de repente, quando ninguém estiver esperando, isto é, como um ladrão à noite. Portanto, precisamos nos preparar enquanto é dia, pois não se sabe em que dia e hora Jesus virá buscar a sua Igreja, ou seja, um povo separado e preparado que tem íntima comunhão com Ele.

A Igreja está clamando: Maranata! Maranata! Ora vem Senhor Jesus. Você sabe por que Jesus ainda não veio? Primeiro, porque o Evangelho ainda não foi pregado a toda criatura, como diz as Escrituras Sagradas, só assim então virá o fim. Outro motivo é que há uma multidão de pessoas orando pelos seus familiares que não são salvos. A misericórdia de Deus ainda está estendida sobre toda a Terra, o Senhor tem dado oportunidade para que muitos se salvem. Atualmente, estamos vivendo o tempo da graça, mas cuidado, esse tempo pode terminar a qualquer momento.

Não se assuste com o que você vai ler agora, não é um filme de terror, mas apenas a realidade da Palavra, daquilo que realmente vai acontecer e infelizmente milhões vão passar por tudo isso, porque não deram ouvidos à pregação da Palavra no tempo oportuno.

Ocorrerá dois fatos tremendos e sobrenaturais: o arrebatamento da Igreja e a grande tribulação. Na ordem cronológica de Deus, o arrebatamento está em primeiro lugar.

Quando isso ocorrer, dois estarão dormindo em uma cama, um será levado e o outro será deixado. O cristão que estiver dirigindo será arrebatado subitamente, seu carro ficará sem controle e assim sucessivamente. Todos os que estiverem preparados, em perfeita comunhão com Cristo, irão subir, num abrir e fechar de olhos, deixando aqui todas as suas atividades para se encontrar com Jesus nas nuvens.

Se Jesus vir hoje, você está preparado para subir com Ele? Se você não tem certeza, busque Jesus agora, ainda há tempo, a porta ainda está aberta.

> Felizes os que lavam as suas vestes, para que tenham direito à árvore da vida e possam entrar na cidade pelas portas. (Apocalipse 22.14)

O que vai acontecer depois da Igreja ser arrebatada? Deus vai visitar a Terra e julgar este mundo. Ele vai riscar de seu Livro as palavras misericórdia e piedade. Diz a Palavra: "Horrenda coisa é cair nas mãos do Deus Vivo" (Hebreus 10.31).

Haverá cataclismos, o sol escurecerá, a lua se tornará em sangue, as estrelas cairão, haverá grandes terremotos, como nunca houve... haverá um silêncio quando Deus começar a soar as sete trombetas.

A primeira trombeta (Apocalipse 8.7): Os homens vão se apavorar, Deus vai visitar a Terra, cairá fogo e saraiva, que destruirá a terça parte das árvores, a terça parte das plantas. Faltará comida. Haverá tanta fome que os homens comerão a carne de seu próprio braço... Mas quando isso estiver acontecendo aqui na Terra, a Igreja, que foi arrebatada, estará na glória com Cristo, participando das Bodas do Cordeiro.

A segunda trombeta (Apocalipse 8.8): Algo será lançado no mar, como um grande monte ardendo em fogo, e a terça parte das águas se transformarão em sangue e os peixes morrerão.

A terceira trombeta (Apocalipse 8.10): Cairá do céu uma grande estrela, ardendo como uma tocha de fogo, ferirá os rios, os mares, tornando as águas amargas, além de não terem comida, as pessoas não vão ter água para beber. No Livro de Amós 8.10-13 está escrito que as virgens formosas desmaiarão de sede. Mas enquanto o povo da Terra estiver sofrendo todas estas coisas, morrendo de sede, a Igreja estará no céu, bebendo da água da vida.

Amigo que está lendo esta mensagem, como é maravilhoso ser cristão, como é bom ter Jesus em nossa vida!

A quarta trombeta (Apocalipse 8.12): A terça parte do sol, da lua e das estrelas serão escurecidas, e a terça parte do dia também. Enquanto o mundo estiver aqui em densas trevas, e o povo gemendo, a Igreja estará no céu totalmente iluminada pela glória de Deus.

A quinta trombeta (Apocalipse 9.1): O Anjo abrirá um poço no abismo, sairão gafanhotos aos milhares e Deus dirá: "Não comam nenhuma erva, não comam nenhuma fruta, somente carne humana", as armas dos homens não poderão detê-los, os homens vão se esconder, mas Deus mostrará o esconderijo dos homens, ninguém escapará; Deus vai deter a morte por cinco meses, as pessoas vão desejar a morte, mas não morrerão, tentarão se matar, mas a morte fugirá deles. Os gafanhotos terão dentes e vão ferir os homens como os escorpiões. Deus estará dizendo: "Juízo, juízo...".

A sexta trombeta (Apocalipse 9.15): Serão soltos quatro anjos e eles matarão a terça parte dos homens. Os corpos serão jogados no meio das ruas, haverá mau cheiro na Terra, os cemitérios não terão lugar...

A sétima trombeta (Apocalipse 11.15, 16.11, 16.17, 16.21): Os homens serão atacados por uma chaga maligna dos pés à cabeça, pior que a AIDS, pior que o câncer, o sol irá aquecer sete vezes mais. Para ilustrar, imagine o calor de 40°C no Rio de Janeiro. É quase insuportável essa temperatura. Agora multiplique isso por sete: são 280°C de temperatura sobre toda a humanidade. O profeta Zacarias disse que os homens morderão sua própria língua de tanta dor, até a orla dos olhos apodrecerão no rosto. Em seguida, a Bíblia diz que Deus enviará uma chuva de saraiva, cada pingo vai pesar um talento. Você sabe quanto pesa um talento? Segundo a tabela de pesos e medidas do Novo testamento, um talento pesa 12.600 quilos, mas a força da gravidade torna esse peso muito maior. Imaginem o tamanho dessas pedras caindo sobre as casas, carros etc., tudo vai se acabar...

Lemos em Ezequiel 7.19 que a prata e o ouro serão lançados fora, pelas ruas, como coisa sem nenhum valor, porque não poderão livrar o homem nos dias da grande tribulação.

Tudo isso é apenas um pequeno resumo do que será grande tribulação. Você pode estudar mais detalhadamente lendo a Bíblia, principalmente o livro de Apocalipse.

Não foi minha intenção assustar você, mas sim alertá-lo. Uma vez que hoje é dia de salvação, ainda há tempo de evitar passar por todo este sofrimento. Deus ama você e quer salvá-lo. Em Hebreus 3.15 está escrito: "Por isso é que se diz: Se hoje vocês ouvirem a sua voz, não endureçam o coração, como na rebelião". Eis aqui o tempo aceitável, o dia da salvação. Jesus quer ser seu amigo. Veja o que Ele diz: "Eis que estou à porta e bato. Se alguém ouvir a minha voz e abrir a porta, entrarei e cearei com ele, e ele comigo" (Apocalipse 3.20).

Jesus quer ser convidado a entrar em sua vida, basta que você abra a porta do seu coração e o deixe entrar. Sua vida nunca mais será a mesma. Você será uma pessoa abençoada, onde você estiver vai fazer a diferença e, por fim, vai estar preparado para quando Jesus voltar; subirá com Ele e escapará de todo o sofrimento que está reservado para os que aqui ficarem.

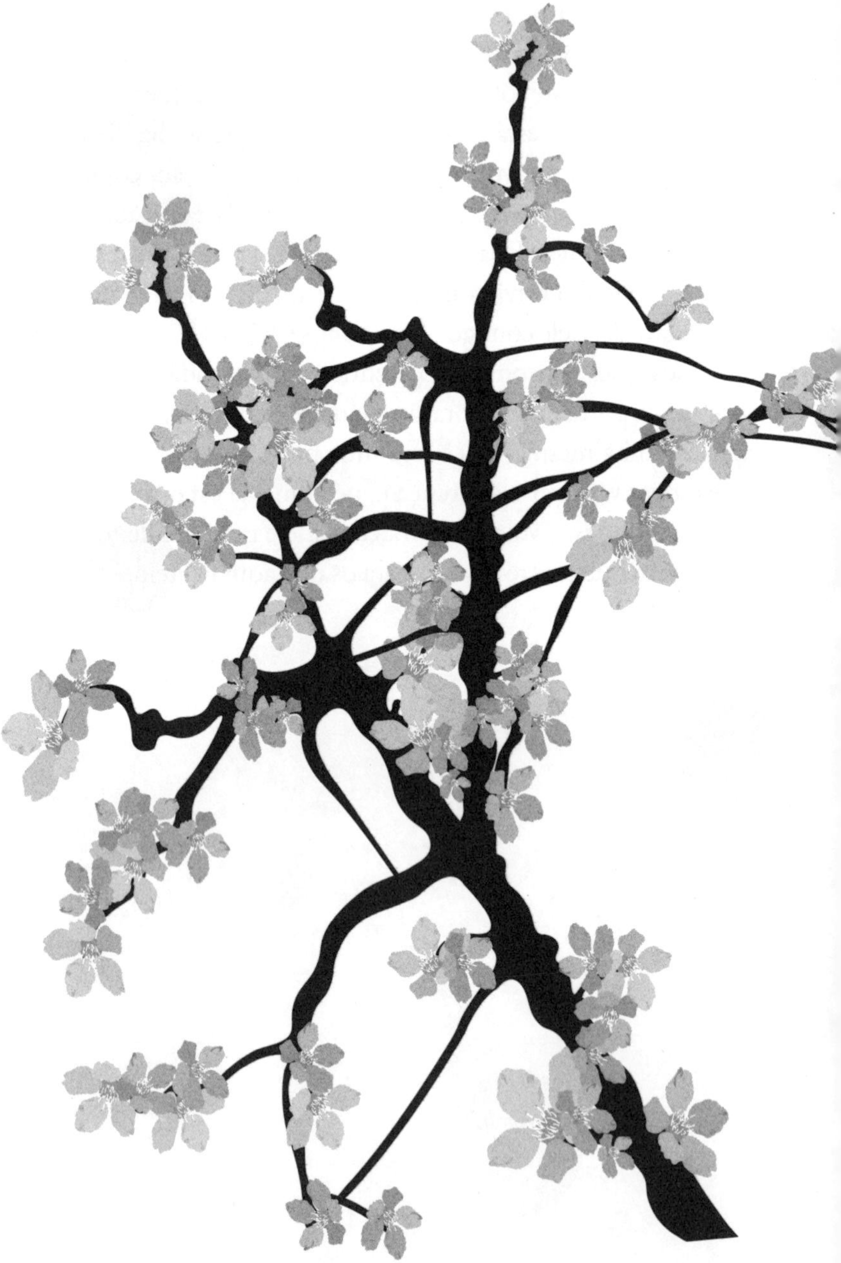

ESCOLHA O MELHOR PARA SUA FAMÍLIA

Se, porém, não lhes agrada servir ao Senhor, escolham hoje a quem irão servir, se aos deuses que os seus antepassados serviram além do Eufrates, ou aos deuses dos amorreus, em cuja terra vocês estão vivendo. Mas, eu e a minha família serviremos ao Senhor. (Josué 24.15)

O lar é a expressão maior da unidade familiar, onde o companheirismo, a solidariedade, o respeito mútuo e a vida em comum podem ser demonstrados na vida do casal e no relacionamento com os filhos. O lar que fugir desses princípios não merece este nome. Ele é, no máximo, um ajuntamento de pessoas que não se entendem, apenas vivem sob o mesmo teto, nada mais.

Jesus falou sobre dois homens que estavam construindo suas casas. Um construiu a sua casa sobre a rocha e quando vieram os ventos e a chuva ela resistiu. O outro construiu sua casa sobre a areia, mas as chuvas e os ventos a derrubaram.

Muitas pessoas estão construindo sua casa sobre a areia. Não há alicerce, não há estabilidade. Quando acontecem os problemas, as tentações e adversidades, elas não resistem.

Permita que Jesus seja a base do seu lar. Somente Jesus Cristo pode manter os lares estáveis nos dias atuais.

Os nossos filhos estão observando o nosso modo de agir com as outras pessoas para ver se nossas atitudes são boas ou más. Por isso, precisamos ser um bom exemplo para eles.

Tenha o cuidado de colocar a Palavra de Deus em evidência para a sua família. Ensine seus filhos a lerem a Bíblia. Ore com eles durante as refeições. Ajude-os a selecionar seus amigos, a descobrirem sua vocação profissional, a serem honestos, sinceros, modestos e tementes a Deus. Invista em sua família de tal forma que todos tenham uma entrada garantida no Reino de Deus.

Josué, o grande general do exército de Israel na época disse: "Escolhei hoje a quem sirvais; porém eu e a minha casa serviremos ao Senhor".

Você pode dizer o mesmo que ele?

VOCÊ PODE SER SALVO

Então levou-os para fora e perguntou: "Senhores, que devo fazer para ser salvo?" Eles responderam: "Creia no Senhor Jesus, e serão salvos, você e os de sua casa". (Atos 16.30-31)

Todos nós precisamos ser salvos do poder do pecado, porque todos somos pecadores. Somos pecadores por natureza. O pecado entrou no mundo através de Adão. A consequência do pecado foi a morte. Portanto, a morte atingiu todos os homens porque em Adão todos pecaram. Como o cabeça da raça humana, Adão infectou toda a humanidade com o seu próprio pecado, como se fosse uma enfermidade. Nascemos com uma natureza pecaminosa. Contudo, o caminho de Deus é o único caminho para a vida eterna. Todos os outros caminhos levam à morte, ou seja, sem Deus não temos nenhuma esperança. O apóstolo Paulo nos explica bem esta verdade de uma forma bem clara e nos dá a esperança com as seguintes e conhecidas palavras: "Pois o salário do pecado é a morte, mas o dom gratuito de Deus é a vida eterna em Cristo Jesus, nosso Senhor" (Romanos 6.23). Esse dom gratuito que o apóstolo Paulo fala é a graça, uma dádiva de Deus. É um dom que não adquirimos, a misericórdia é uma bondade que não merecemos, mas Deus a estendeu até nós através de seu filho, Jesus Cristo. Ao morrer na cruz pelos nossos pecados, Cristo tornou-se o nosso Salvador.

Ele morreu em nosso lugar, pagou o preço do nosso pecado e quando o recebemos em nosso coração Ele toma conta de nossa vida, trazendo cura para o nosso espírito, alma e corpo.

"Ser salvo" significa ser perdoado, curado, liberto, completado e restaurado. Ficamos sãos, salvos e libertos.

São quatro os passos para a salvação:

1. **Crer em Jesus Cristo e aceitá-lo como Senhor e Salvador.** Quando recebemos a Cristo por fé em nosso coração, passamos a ser nova criatura. "Contudo, aos que o receberam, aos que creram em seu nome, deu-lhes o direito de se tornarem filhos de Deus, os quais não nasceram por descendência natural, nem pela vontade da carne nem pela vontade de algum homem, mas nasceram de Deus" (João 1.12-13).

2. **Confessar os pecados.** Confessar significa concordar com Deus que somos pecadores e precisamos ser perdoados por Ele. "Se confessarmos os nossos pecados, ele é fiel e justo para perdoar os nossos pecados e nos purificar de toda injustiça" (1 João 1.9).

3. **Arrependimento.** Precisamos nos arrepender de nossos pecados. "Arrepender-se" significa mudar de ideia. Quando nos arrependemos, Deus apaga nossos pecados pelo sangue de seu filho, Jesus Cristo: "Naqueles dias surgiu João Batista, pregando no deserto da Judéia. Ele dizia: 'Arrependam-se, porque o Reino dos céus está próximo'" (Mateus 3.1-2).

4. **Batismo nas águas como testemunho.** Através do batismo nas águas, você dá testemunho público de sua identificação com Cristo após a conversão. É o sinal exterior, que mostra que você morreu para o mundo e nasceu para Deus.

O batismo nas águas, por si só, não salva; mas foi ordenado por Cristo, para testemunho, que fomos salvos por Ele. "Quem crer e for batizado será salvo [...]" (Marcos 16.16).

Após ser salvo por Jesus, qual é o próximo passo importante a ser dado? Escolher uma igreja para você congregar.

Veja isso: As velas têm castiçais, as lâmpadas precisam de um soquete e as árvores crescem no solo. Sem um castiçal as velas tombariam; sem um soquete as lâmpadas não acenderiam; sem o solo as árvores morreriam; para o cristão, uma igreja é o castiçal, uma fonte de poder e uma raiz que o sustenta para que possa crescer e brilhar.

Igreja quer dizer: um povo retirado para fora, onde vamos congregar com irmãos e irmãs, os quais têm o mesmo propósito, que é conhecer a verdade que nos conduzirá, um dia, ao céu.

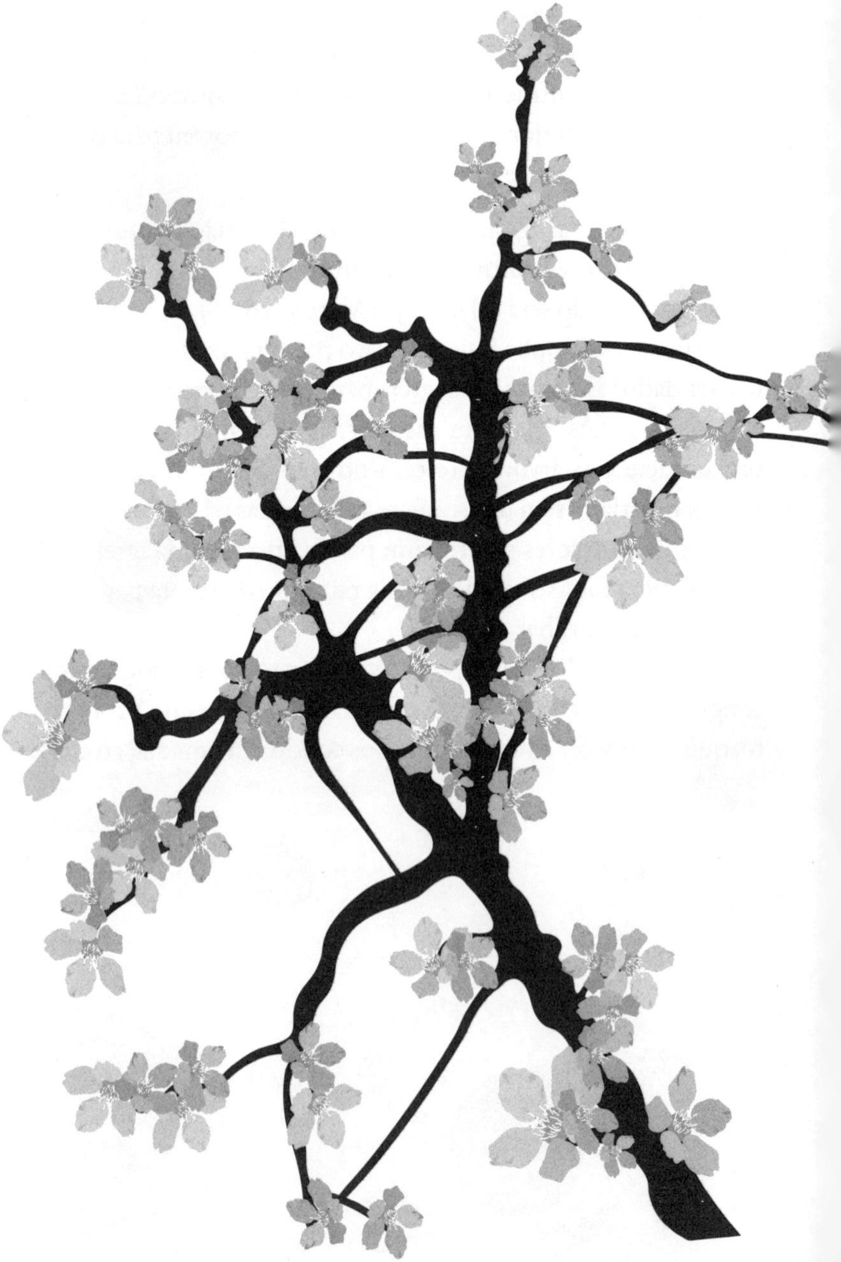

O EVANGELISMO E AS MULHERES

E disse-lhes: Vão pelo mundo todo e preguem o evangelho a todas as pessoas.
(Marcos 16.15)

Estamos penetrando nos lares? Estamos evangelizando nossos familiares? Estamos levando a influência do Evangelho para outras pessoas? Estamos salvando vidas? Muito pouco. Não estamos levando a sério a grande comissão de Jesus. Não estamos levantando nossos olhos para as almas sedentas que vivem neste mundo tenebroso, onde a iniquidade se multiplicou e por esta causa o amor de muitos já esfriou totalmente. O trabalho das mulheres ainda deixa muito a desejar... Evangelismo é paixão pelas almas. Significa "zelo" em propagar o evangelho, as boas-novas de Jesus. Nosso Senhor disse: "Vão pelo mundo e preguem o evangelho a todas as pessoas" (Marcos 16.15).

Você poderá dizer: Jesus deu essa ordem aos discípulos, logo o evangelismo é trabalho para os homens; porém, foi uma mulher, Maria Madalena, quem recebeu estas palavras de Jesus em primeiro lugar. Gálatas 3.27-29 diz que todos nós fomos revestidos de Cristo e para Ele não existe nem macho nem fêmea, porque todos nós somos um em Cristo Jesus.

Evangelismo no silêncio

Podemos evangelizar sem abrir a boca? Por incrível que pareça, podemos. Evangelismo é o cumprimento do que Jesus disse: "Vós sois o sal da terra" (Mateus 5.13), ou seja, levar as boas-novas de salvação é colocar sede, desejo na pessoa de ir à Jesus, a fonte de água viva. Podemos evangelizar com nosso testemunho de vida; precisamos trazer à tona os frutos que este mesmo Evangelho produziu em nós, as pessoas vão olhar para nós e vão se encantar por Jesus. O evangelismo de palavras é importante, mas ele tem que ser precedido pelo bom testemunho. Agora, passemos para a prática do evangelismo pessoal com palavras.

Preparo

Em primeiro lugar, precisamos saber que não estamos a sós no mundo. Seria maravilhoso semear a boa-nova, sem a interferência do inimigo ou então tomar posse de uma terra sem dono. "O mundo jaz no maligno". Mas Cristo veio arrebatar os homens das mãos do inimigo e conseguiu isso com sua morte na Cruz do Calvário. "Para isso o Filho de Deus se manifestou: para destruir as obras do diabo" (1 João 3.8).

A nossa vitória é certa, mas precisamos de preparo. Em Efésios 6.13-18, o apóstolo Paulo ensina como devemos nos preparar. Precisamos ser eficientes e apresentar um trabalho de maior produtividade e bons resultados. A iniquidade em nossos dias se alastra, assim como uma erva ruim. E nós? Tão acomodadas, não é mesmo?

Em Isaías 32.9, Deus fala bem alto ao nosso coração para acordarmos de nosso sono: "Vocês, mulheres tão complacentes, levantem-se e escutem-me! Vocês, filhas que se sentem seguras, ouçam o que lhes vou dizer!".

Como e onde evangelizar?

1. **Em nossa vizinhança** – Será que nossas vizinhas sabem que somos cristãs? Convide-as para irem a um culto em sua igreja. Fale de Jesus através de seu bom testemunho. Em feiras livres, supermercados, armazéns. Ofereça folhetos.

2. **Em consultórios médicos** – Quantas oportunidades perdemos! Muitas pessoas estão ali enfermas, sem esperança de cura, então, fale do Médico dos médicos.

3. **No salão de beleza** – Por que não? Lá também há almas que precisam de Jesus. Entregue um folheto, indique bons livros.

4. **Nas escolas** – Fale de Jesus para as crianças. Como esse trabalho é importante! Precisamos começar pelas crianças.

5. **Nos hospitais** – Este trabalho é muito produtivo. Podemos encaminhar alguém para o céu em seus últimos momentos de vida.

6. **Em nosso lar** – Devemos dar prioridade à nossa família. Testemunhar de Jesus com nosso exemplo, ser uma boa mãe, uma boa esposa, faz parte do plano de Deus. Não economize amor, ame-os de verdade, eles irão ver Cristo refletido em você.

7. **Intercedendo** – A nossa intercessão move a mão de Deus em favor das almas. A ação do Espírito Santo pode ser desencadeada pelas orações em favor das pessoas que não conhecem a Cristo

(Efésios 3.14-21). A oração de intercessão deve ser uma constante preocupação do ganhador de almas. O apóstolo Paulo nos dá esse exemplo em Efésios 6.18-19. Eu mesma sou testemunha disso. Orei pela salvação de um primo que morava em São Paulo durante 4 anos. Depois desse tempo ele me ligou dizendo que tinha aceitado a Cristo e já ganhei muitos da minha casa pra Jesus. Funciona!

8. **Evangelismo pessoal** – Para mim um dos recursos mais eficientes, e o mais frutífero. Jesus o praticava bastante, não é uma história velha contada e recontada. O Evangelho é o poder de Deus para todo aquele que crê. Ele transforma uma vida que estava indo para o abismo profundo e a traz de volta para uma nova vida, plena de saúde, paz e prosperidade e, por fim, a vida eterna com Deus.

Precisamos irradiar vida, transmitir essa vida. É necessário que algo mais poderoso nos envolva; esse algo é o Espírito Santo que vive em nós. O Evangelho é a revelação de uma pessoa. Portanto, falemos de Cristo.

SENHOR, TU ME CONHECES BEM

Senhor, tu me sondas e me conheces. Sabes quando me sento e quando me levanto; de longe percebes os meus pensamentos. Sabes muito bem quando trabalho e quando descanso; todos os meus caminhos te são bem conhecidos. Antes mesmo que a palavra me chegue à língua, tu já a conheces inteiramente, Senhor. (Salmos 139.1-4)

Antes de você nascer, Deus já pensou em você, ou seja, em como você seria, qual é o propósito dele para sua vida e, o mais fascinante ainda, está pensando sobre sua eternidade com Ele! Com todos esses pensamentos divinos apontando para você, vamos ver juntos o que o salmista nos diz?

O salmo 139 era na verdade como uma bela poesia que o salmista cantava em momentos tão especiais de adoração ao Senhor. Ele disse: "Senhor, tu me sondas e me conheces, tu sabes tudo sobre mim".

Este salmo é de uma profundidade indiscutível, deixa os cientistas quase loucos, pois quando eles chegam a esse ponto, suas teorias se perdem.

"Tu conheces o meu assentar e o meus levantar", ou seja, Ele conhece como você se relaciona com os outros, se você é fiel, se você é violento, Ele conhece seu temperamento. Às vezes, as pessoas esquecem que Deus vê tudo e usam algum método para prejudicar o seu próximo, mas Deus conhece tudo; Deus conhece o assentar de todos. O Senhor é tão tremendo, que não precisa nem chegar perto; de longe entende os nossos pensamentos.

Quando você se deita, esquece que Deus está lhe observando, mas Ele "esquadrinha o meu deitar e o meu andar". Esquadrinhar significa tirar parte por parte para observar, desmontar e montar de novo.

Você está em um ônibus e nem imagina que Deus está esquadrinhando você. Mas o que você quer dizer com isso? Deus me esquadrinhando? Parece que tem alguém me seguindo. Sim, Deus está de olho em você.

Há ainda pessoas que pensam que podem dar um calote em Deus, mas Ele diz: "Eu conheço todos os teus caminhos". Sem que haja uma palavra na minha boca, ó Senhor, tu tudo conheces, ou seja, eu ainda nem analisei e tu já sabes.

Ele nos protege totalmente: Tu me cercastes em volta e puseste sobre mim a tua mão, ou seja, você vira para frente e dá de cara com Deus. Vira para a esquerda e Ele está olhando para você. Vira para o lado e Ele está lhe vendo. Como diz o Salmista: "puseste sobre mim a tua mão". Agora, imagine que privilégio é ter a mão de Deus sobre a nossa cabeça. Mas, veja bem: Para quem tem intimidade com Deus, essa mão é afável, dócil, delicada, produz paz. Mas para quem está fora da presença de Deus essa mão é pesada, dura, gera ansiedade, aflição e produz angústia, até que venha a se arrepender de seus pecados.

Agora, o salmista vai dar um grito! "Tal ciência é maravilhosa demais para mim!". Em seguida, ele se volta e diz: "Para onde fugirei do teu Espírito?" Ele procura um lugar onde Deus não esteja, mas não há, não existe, não há lugar onde Deus não esteja.

O salmista também parte para a área da patologia, ou seja, a parte da ciência que estuda a origem, a natureza: "Tudo o que existe no meu interior, tu criaste. Tu entreteceste-me, conforme querias que eu fosse, já no ventre de minha mãe, acompanhaste todo o meu metabolismo". Querido(a) leitor(a), você não é igual a ninguém, você é diferente, Deus fez a cada um de nós distintamente. E o salmista continua: "Eu te louvo por que de um modo terrível e maravilhoso fui formado. Maravilhosas são as tuas obras! Os meus ossos não te foram encobertos quando fui formado, ou seja, tu já sabia o tamanho de cada osso do meu corpo".

O que você acha de um Deus assim? Ele merece ou não ser louvado? Aleluia! "Os teus olhos viram o meu corpo ainda sem forma e no teu livro está registrado quantos dias vou viver. Senhor como me são preciosos os teus pensamentos!".

Concluindo, podemos perceber que, além de Deus lhe conhecer muito bem, Ele não abre mão de você. Você é um projeto de Deus.

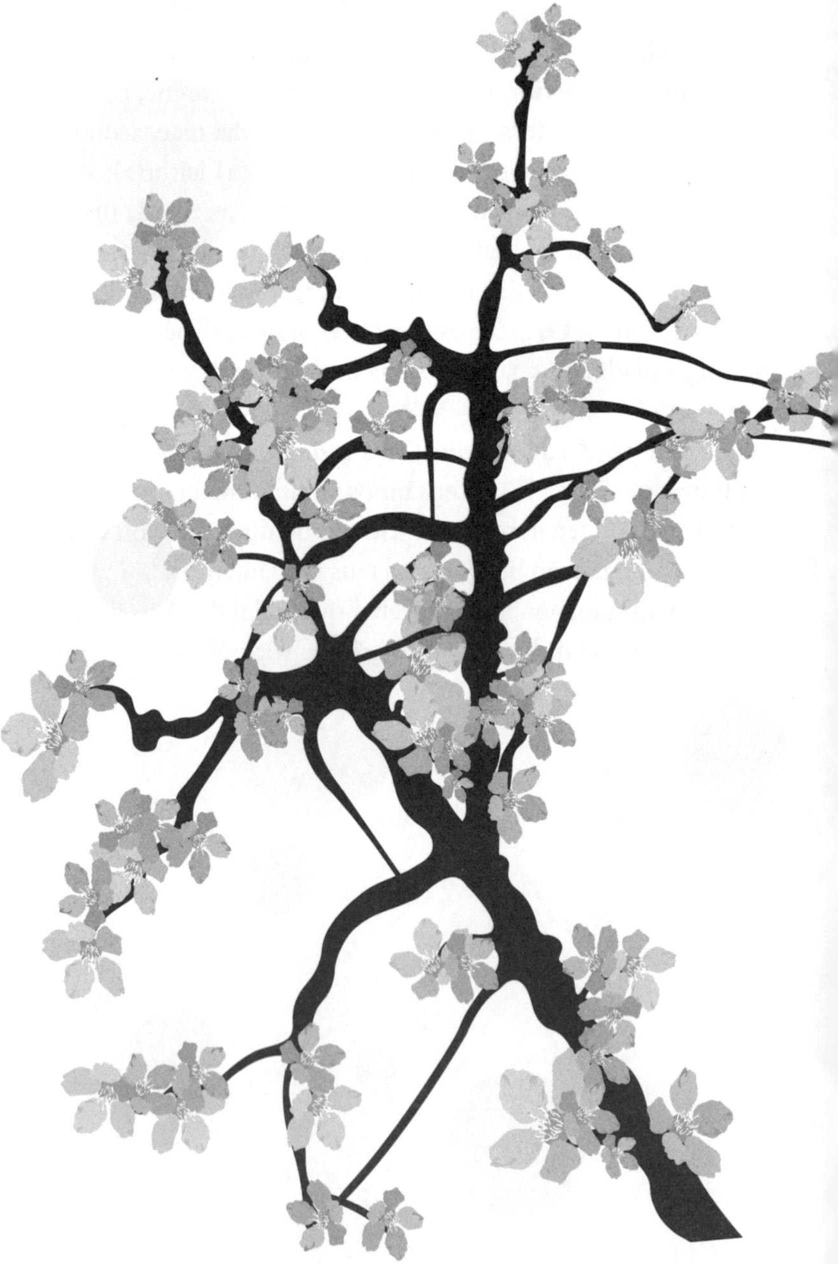

O VASO DO OLEIRO

Vá à casa do oleiro e ali você ouvirá a minha mensagem. Então fui à casa do oleiro, e o vi trabalhando com a roda. Mas o vaso de barro que ele estava formando estragou-se em suas mãos; e ele o refez, moldando outro vaso de acordo com a sua vontade.
(Jeremias 18.2-4)

O oleiro é um profissional que, entre muitas outras atividades na olaria, trabalha na modelagem de vasos. A figura do oleiro foi muito usada por Deus para exemplificar suas mensagens. Ele sempre usou ilustrações desse tipo para que o ser humano O entendesse melhor.

Uma das parábolas que nos leva a uma alta reflexão é a do oleiro, descrita no livro de Jeremias. Deus precisava falar com seu povo de uma maneira que todos entendessem o seu propósito, então ordenou: "Jeremias, desça até a olaria". Quando Jeremias lá chegou, viu que o oleiro estava em volta do torno moldando o barro; seus olhos atentos perceberam algo em particular, ele viu que quando o vaso se quebrava, o oleiro juntava todos os pedaços, moldava o barro novamente e fazia um novo vaso.

Enquanto Jeremias estava observando tudo com muita atenção, Deus entregou a mensagem a ser transmitida ao seu povo: "Não poderei eu fazer de vós como fez esse oleiro? Assim sois vós na minha mão, ó casa de Israel".

Na Bíblia há vários exemplos de vasos que foram restaurados e eu escolhi dois, conforme Deus me dirigiu. Vejamos: o primeiro vaso se encontra lá no Velho Testamento, em Josué, onde fala de uma prostituta chamada Raabe. Esse livro descreve como Raabe foi salva quando a cidade de Jericó foi destruída.

Josué mandou dois espias a Jericó, a fim de sondar a cidade e eles se esconderam na casa de uma prostituta, cujo nome era Raabe. Quando o rei de Jericó soube que havia espiões na cidade, ordenou que o povo os entregasse às autoridades, mas Raabe os escondeu no telhado de sua casa. Depois ela confessou aos espias que toda a cidade estava amedrontada pelos feitos de Deus a Israel e ela deu provas de que começara a crer no Deus deles, dizendo: "Porque o Senhor vosso Deus é Deus em cima dos céus e embaixo da terra". Era Deus começando a modelar aquele vaso. Depois ela fez os espias jurarem que por sua atitude a livraria da destruição, além de seu pai, sua mãe, seus irmãos e tudo o que eles tinham. Os espias garantiram que ela seria poupada e que ela deveria colocar um fio de escarlate atado em sua janela, e assim ela fez.

Pense comigo: Porque Deus escolheu a casa de Raabe? Por que escolheu uma prostituta? Poderia ter sido a casa de um mestre, alguém de nome elevado, mas não; Deus escolheu uma prostituta, um vaso bem quebrado, não é mesmo? Posso imaginar as cenas seguintes: Raabe chegou na casa do pai dela correndo e diz: "Pai, vocês precisam ir para minha casa, lá está a salvação, só na minha casa haverá escape, e vocês precisam vir comigo". E aquele pai sofrido fala: "É você Raabe que vem me dizer isso? Quem é você para me falar de salvação? Você sujou o nome de nossa família, você é a ovelha negra!". Mas quando Deus começa a modelar um vaso, Ele faz com que todas as acusações de sua obra caiam por terra. E assim Raabe levou toda a sua família para sua casa. Quando Josué tomou a cidade de Jericó e derrubou os muros, tudo o que havia naquela cidade foi destruído, homens, mulheres, crianças e animais, porém ele deu ordens para tirarem Raabe de lá com toda a sua família. Raabe, um vaso quebrado, que foi trabalhado nas mãos do oleiro.

Outro exemplo de vaso quebrado está no Novo Testamento, no livro de Atos 9.1-15, que descreve a conversão de Saulo de Tarso. Se procurarmos no dicionário, vamos ver que conversão é o ato ou efeito de converter, transformação, mudança de forma ou natureza. Foi exatamente o que aconteceu com Saulo que, de perseguidor, passou a ser um homem usado por Deus para levar o Evangelho aos gentios.

Saulo ia para Damasco para prender todos os cristãos que encontrasse pelo caminho, então Jesus se apresentou a ele de modo sobrenatural e disse a ele: "Saulo, Saulo, por que me persegues?".

Não era uma simples pergunta; foi muito mais que isso, foi uma chamada direta de Deus. Saulo caiu por terra, era o vaso começando a ser quebrado, e ainda sem entender nada perguntou: "Quem és tu, Senhor?". E Jesus respondeu: "Eu sou Jesus, a quem tu persegues, duro é para ti recalcitrar contra os aguilhões". Vamos refletir um pouco sobre tudo o que aconteceu até agora, pois temos grandes revelações. Eu diria que a primeira foi a pergunta de Saulo: "Quem és tu, Senhor?". Veja que o primeiro passo para que haja uma transformação é saber quem é Jesus. Para amar a Jesus temos que conhecê-lo. Ninguém ama aquilo que não conhece. A segunda revelação é que quando Deus nos escolhe, não há como fugir Dele. Jesus falou novamente: "Duro é para ti recalcitrar contra os aguilhões", ou seja, agora você é barro nas minhas mãos, Eu preciso moldar você. Saulo, tremendo, perguntou: "Senhor, que queres que eu faça?" Disse Jesus: "Levanta-te, vai para a cidade". Agora, o levantar de Saulo já era diferente. Deus acabara de moldar um vaso novo.

É interessante perceber que os soldados que acompanhavam Saulo não perceberam nem viram nada, mas ouviram a voz de Jesus e ficaram emudecidos. Na verdade, é assim mesmo que acontece, os que ficam de lado do Evangelho não sabem, não podem entender quando uma pessoa é transformada. E é exatamente por isso que aqueles que nos rodeiam não entendem a nossa transformação. Às vezes, somos criticados, pois a luz veio para nós e eles ainda não receberam a luz. Antes do encontro com Jesus, Saulo era um religioso, mas quando Jesus apareceu, caiu por terra tudo aquilo que não era verdadeiro, a fim de que a luz verdadeira resplandecesse.

Jesus mandou Ananias ir ter com Saulo e este tentou persuadir a Jesus dizendo: "Senhor, Saulo é um perseguidor dos teus santos"; mas Jesus disse: "Vai, porque esse é um vaso escolhido para levar o meu nome diante dos gentios e dos reis de Israel". E Saulo foi transformado em Paulo, um dos maiores pregadores do Evangelho depois de Jesus.

Tremenda coisa é ser um vaso escolhido, mas nunca se esqueça que o escolhido deve passar pelas mãos do oleiro. O vaso é quebrado, amassado e então surge um vaso novo, uma verdadeira obra de arte, feita para brilhar onde Deus o colocar.

Sabe o que Deus está dizendo hoje? Não existe caso perdido; Deus transforma vasos quebrados. Ele transformou a prostituta Raabe, transformou Saulo de Tarso e pode transformar você também.

A PRESENÇA DIVINA EM MINHA DESPENSA

Portanto eu lhes digo: não se preocupem com suas próprias vidas, quanto ao que comer ou beber; nem com seus próprios corpos, quanto ao que vestir. Não é a vida mais importante do que a comida, e o corpo mais importante do que a roupa? Observem as aves do céu: não semeiam nem colhem nem armazenam em celeiros; contudo, o Pai celestial as alimenta. Não têm vocês muito mais valor do que elas? (Mateus 6.25-26)

Tinham-se passado várias semanas tristes e solitárias desde que meu primeiro esposo havia morrido de câncer. Ele tinha cinquenta anos quando morreu e fiquei viúva aos 43 anos de idade. Eu havia me agarrado a Deus com todas as minhas forças, pois na verdade não estava preparada para aquela triste situação.

Eu larguei meu emprego quando a enfermidade de meu esposo apareceu, para poder cuidar dele. Embora já tivesse encaminhado todos os papéis para o INSS, meu pagamento ainda não tinha sido liberado. Justamente na época em que minha mãe e minha irmã, as quais moravam longe, me avisaram que vinham passar o fim de semana comigo.

Ao mesmo tempo que fiquei feliz por poder ter minha mãe e minha irmã comigo naqueles momentos tão difíceis para mim, eu me lembrei que estava sem receber ainda, e meu filho, que já estava trabalhando na mesma empresa que eu trabalhara antes, só iria receber no final do mês. Fui então dar uma espiada na minha despensa na cozinha e percebi que havia apenas os alimentos básicos e não aqueles alimentos preferidos que a gente gosta de ter em nosso estoque. Não tinha leite condensado, nenhum para remédio, nem mesmo um creme de leite para colocar, quem sabe, num estrogonofe e outras coisinhas boas que usamos bastante. Olhei para aquele armário demoradamente, como se eu esperasse alguma palavra dele e se ele falasse eu diria: "Como você está pobre hoje!".

Não me deixei abater, fui falar com meu Deus. Na oração, falei para Ele das visitas que viriam no final de semana, então levantei e abri bem as portas daquele armário. Eu me lembro como se fosse hoje. Mostrei a situação do armário a Deus e fui logo dizendo: "Elas vão chegar no fim de semana e como o Senhor está vendo, não tenho nada de bom para oferecer e não tenho como comprar nada por esses dias. Por favor, preciso que o Senhor entre com providência". Orei e saí dali, fui fazer minhas tarefas rotineiras. Meu filho estava no trabalho, mas naquele dia ele saiu mais cedo, chegou em casa com um sorriso escancarado no rosto e foi logo me falando: "Mãe, a senhora nem imagina, aconteceu um milagre, nosso setor deu um prêmio para cada funcionário por não termos tido nenhum acidente há mais de noventa dias. Veja, eu trouxe o dinheiro do prêmio para a senhora fazer um rancho especial!".

Com certeza, eu nem preciso falar sobre a minha alegria, não é mesmo? Em seguida, fomos ao supermercado mais próximo, e fizemos um rancho de mais ou menos três carrinhos, com tudo de melhor. Chegando em casa, fui guardar as compras no armário e outras na geladeira. Depois de tudo arrumado, olhei para aquele armário e brinquei: "Senhor! Você sempre faz mais do que pedimos e pensamos". Claro que dobrei meus joelhos para agradecer. Esse é o Deus que eu sirvo. Ele nunca me deixou sem uma resposta, mesmo nos momentos mais difíceis da minha vida, Ele sempre estava lá, bem pertinho de mim. E até hoje tenho a felicidade de poder dizer que Ele tem me prosperado em tudo o que coloco minhas mãos. O segredo é sempre o mesmo, depender Dele para tudo e confiar que Ele nos ouve e nos responde. Muitas vezes, naqueles encontros diários com Deus, eu escuto o sussurro Dele em meus ouvidos: "O que você está precisando hoje?".

Bem, eu gostaria de dizer a você que Deus não tem preferidos, Ele ama a todos com o mesmo amor de sempre. Logo, você pode ser tão abençoado quanto eu sou. Basta colocar a sua fé em ação, ter intimidade com Ele, e os milagres, com certeza, vão acontecer em sua vida também!

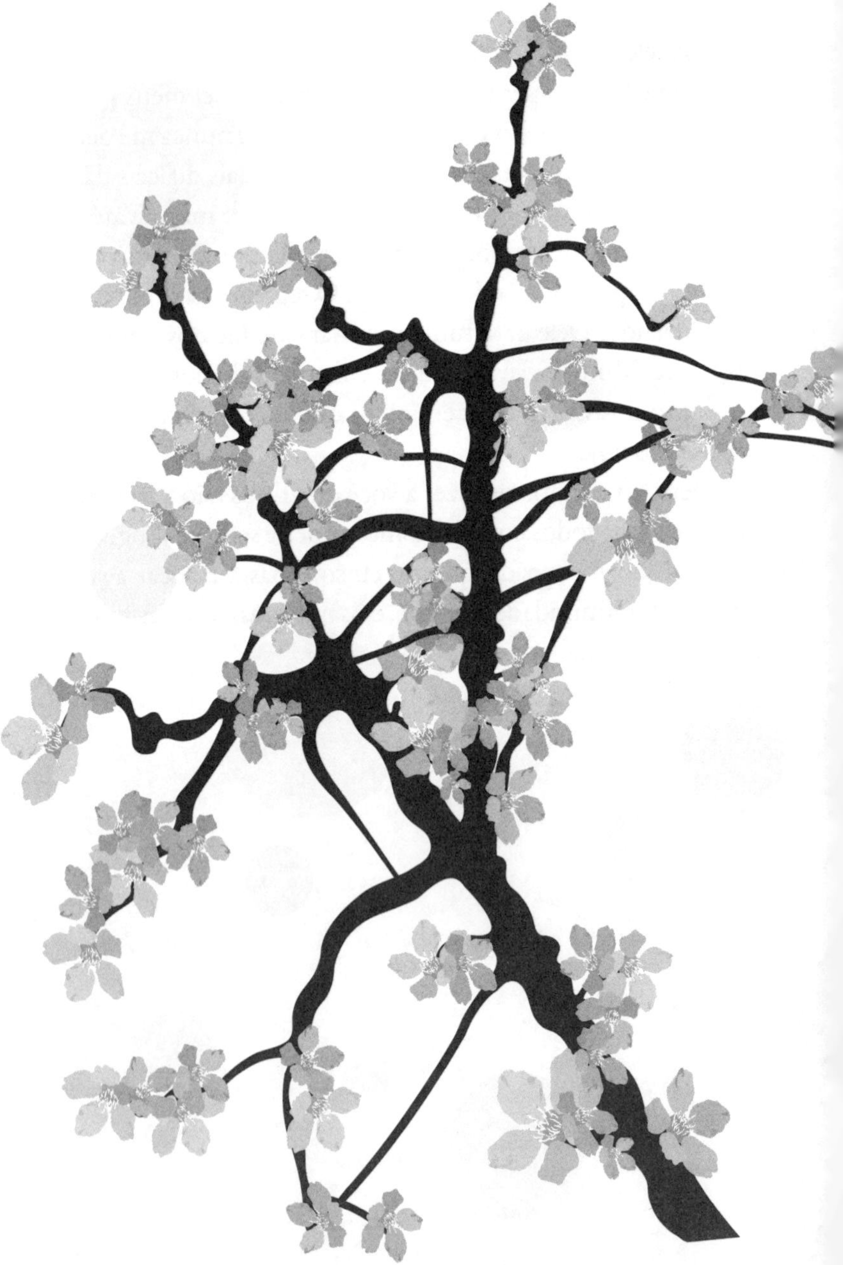

A VIDEIRA E OS RAMOS

Eu sou a videira verdadeira, e meu Pai é o agricultor. Todo ramo que, estando em mim, não dá fruto, ele corta; e todo que dá fruto ele poda, para que dê mais fruto ainda.
(João 15.1-2)

Nesta palavra encontram-se as últimas instruções de Cristo aos seus discípulos, como manter a união entre ele e os seus escolhidos, e o segredo de como ser bem-sucedido em qualquer projeto de vida ou petição que se faça a Deus.

Jesus começa dizendo: "Eu sou a videira verdadeira, e meu Pai é o lavrador", ou seja, Ele está dizendo que há muitas videiras falsas e muitas ainda estão sendo plantadas, mas só uma é a verdadeira, Jesus Cristo, nosso Senhor, e Deus é o lavrador.

Lavrador é aquele que prepara a terra, prepara o terreno para receber as sementes, escava ao redor das plantas para penetrar o adubo, retira as ervas daninhas, os galhos secos e os galhos infrutíferos.

E Jesus continua falando: "Toda a vara em mim que não dá fruto, a tira; e limpa toda aquela que dá fruto, para que dê mais fruto ainda". Depois Ele procura na videira as varas que não estão dando fruto e as remove do lugar; mas aquelas varas que estão produzindo frutos, Ele as limpa para que dê mais frutos ainda.

Às vezes, Deus levanta alguém para uma determinada função em sua obra, mas essa pessoa fica ali pasmada, improdutiva, não se preocupa em ser diligente, o trabalho que lhe foi confiado fica parado; não há um sinal de progresso, isto é, não produziu nenhum fruto. Deus vai acabar cortando esta vara, pois se tornou inútil, para nada serve. Por outro lado, outra vara na videira não para de produzir frutos, procura uma intimidade cada vez maior com a videira, onde foi gerada, então o lavrador se agrada dessa vara e a limpa para que produza mais ainda.

Nesta palavra, Deus está tipificando o lavrador e Jesus tipifica a videira verdadeira, ou seja, a Igreja, e nós, os cristãos, somos as varas. Vamos ver como se processa a limpeza das varas? Lá no livro de Efésios 5.26 o apóstolo Paulo fala da purificação com a lavagem da água pela Palavra, a fim de apresentar a si mesmo igreja gloriosa, sem mácula, nem rugas, nem coisa semelhante, mas santa e irrepreensível. Precisamos mergulhar nesta água para produzir os frutos.

Jesus continua falando: "Eu sou a videira, vós as varas, quem está em mim, e eu nele, esse dá muito fruto; porque sem mim, nada podeis fazer". Aqui Jesus fala claramente: "Sem mim nada podeis fazer", isto é, nem tente fazer as coisas sozinho, você vai se quebrar, será um desastre. Ele disse também: "Eu sou o caminho, a verdade e a vida", isso nos leva a crer que tudo de que precisamos está nesta videira; bom é que estejamos sempre bem unidos a ela, para que possamos produzir os frutos que Ele tanto fala.

Quais são os frutos que poderemos produzir? Vamos ver alguns. O Salmo 92.13-14 diz: "Os que estão plantados na casa do Senhor, florescerão nos átrios do nosso Deus; na velhice ainda darão frutos; serão viçosos e fluorescentes". Outro tipo de fruto maravilhoso pode ser encontrado no livro de Provérbios, capítulo 11, verso 30: "O fruto da retidão é árvore de vida, e aquele que conquista almas é sábio". Gálatas 5.22 diz para produzirmos o fruto do Espírito: caridade, gozo, paz, longanimidade, benignidade, bondade, fé, mansidão e temperança.

Depois de bem firmados na videira, Jesus começa a observar o nosso crescimento espiritual, os frutos que estamos produzindo, e então Ele fala: "Se você está em mim, e as minhas palavras estão em vós, pede-me o que quiserdes e vos será feito". Se você vive de acordo com essa Palavra, então pode pedir a Jesus o que você quiser e Ele vos concederá.

Jesus continua dizendo: "Vocês não me escolheram, mas eu os escolhi para irem e darem fruto, fruto que permaneça, a fim de que o Pai lhes conceda o que pedirem em meu nome" (João 15.16). Nesta palavra, Jesus nos revelou o segredo de como receber de Deus a resposta de tudo aquilo que estamos precisando, a solução de todos os nossos problemas, a vitória em todas as áreas da nossa vida. Para isso, basta uma coisa: estarmos unidos com a videira.

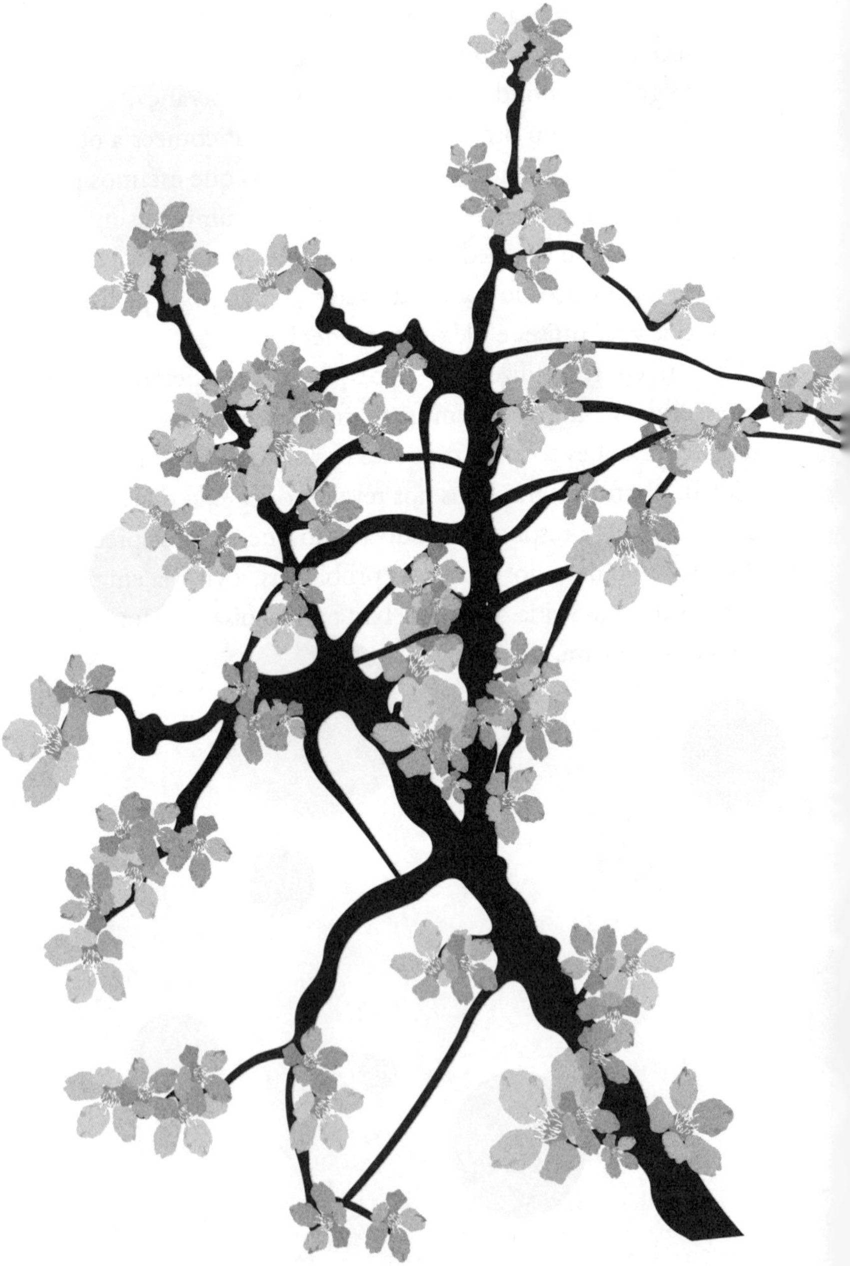

A FÉ SEM OBRAS É MORTA

"O que devemos fazer então?", perguntavam as multidões. João respondia: "Quem tem duas túnicas reparta-as com quem não tem nenhuma; e quem tem comida faça o mesmo". (Lucas 3.11)

Olhando ao redor do mundo, onde vivemos nestes dias, podemos perceber que a palavra Deus está se cumprindo, pois vemos que por se aumentar grandemente a iniquidade, o amor de muitos esfriaria. Infelizmente, isso já está acontecendo bem diante de nossos olhos; mas, para nós, Deus tem propósitos diferentes.

Na Bíblia, vamos encontrar, várias vezes, Deus nos exortando a praticarmos a caridade com os irmãos mais necessitados. Aqui em Lucas, João Batista pregava com autoridade e dizia: "Produzi frutos dignos de arrependimento". Que frutos são esses? Amor e caridade.

Em nossas Bíblias, a passagem de 1 Coríntios 13 nos fala do amor e em outras versões fala de caridade. Não existe amor sem caridade, nem caridade sem amor. Quem pratica a caridade ao próximo é porque ama, não é mesmo? João Batista exortava com autoridade sobre esse assunto, para que todos produzissem esse fruto; e foi mais fundo, quando disse: "O machado já está posto à raiz das árvores, e toda árvore que não der bom fruto será cortada e lançada ao fogo" (Lucas 3.9). Quando falou isso, alguns, assustados, perguntaram: Que faremos, pois? Então, ele respondeu: "Quem tiver duas túnicas, reparta com quem não tem e quem tiver alimentos faça da mesma maneira". Ele foi direto e certeiro, bem na ferida. A raiz de muitos males na vida do cristão é a avareza, homens mais amantes de si mesmos, cada um buscando somente seu próprio benefício; isso está bem explicado em Tiago 2.14-17, que diz:

> "De que adianta, meus irmãos, alguém dizer que tem fé, se não tem obras? Acaso a fé pode salvá-lo? Se um irmão ou irmã estiver necessitando de roupas e do alimento de cada dia e um de vocês lhe disser: 'Vá em paz, aqueça-se e alimente-se até satisfazer-se', sem porém lhe dar nada, de que adianta isso? Assim também a fé, por si só, se não for acompanhada de obras, está morta."

Em Atos 4.32 lemos que os discípulos de Jesus repartiam segundo a necessidade de cada um, ali havia um só coração e a alma da multidão. Que unidade! Quando a igreja atentar para essa palavra, as necessidades dos irmãos vão acabar. A filosofia de vida dos primeiros cristãos era: quem tem mais reparte com quem tem menos.

Ninguém é tão pobre que não tenha nada para dar, mas se você não tem, ore pela prosperidade daqueles que estão próximos a você e, de uma maneira ou de outra, você acabará recebendo aquilo que você semeou. Para ganhar, precisamos aprender primeiro a repartir, vamos ver isso?

João 6 relata que a multidão que seguia Jesus estava faminta, então Jesus ordenou aos seus discípulos que dessem a eles o que comer. Em seguida, surgiu a pergunta fatal: "Onde compraremos pães para tanta gente?". Neste momento, André diz ao mestre: "Há aí um menino com cinco pães e dois peixinhos, mas o que é isso, para tanta gente?". Para Deus operar, Ele não precisa de muita coisa e ali estava um menino pobre, pronto para repartir. E quando aquele menino esvaziou a sua sacola, todos comeram e ainda sobraram doze cestos cheios.

Interessante! No mundo há uma frase que diz: "Quem dá o que tem, a pedir vem". Essa é uma grande mentira que pertence ao pai da mentira, porque Deus, através da Bíblia, de Gênesis a Apocalipse, diz exatamente o contrário: "É dando que se recebe". Em Lucas 6.38, Jesus disse: "Deem, e lhes será dado: uma boa medida, calcada, sacudida e transbordante será dada a vocês. Pois a medida que usarem também será usada para medir vocês". Jesus prometeu nos devolver a oferta de quatro maneiras diferentes: uma boa medida, recalcada, sacudida e transbordante, ou seja, quando Ele devolve, sempre transborda.

Deus também participou de um grande milagre de multiplicação: Ele deu seu único filho para ser sacrificado e recebeu milhares de filhos de volta, que foram resgatados pela morte de Cristo naquela cruz. Que tal começarmos a viver o verdadeiro cristianismo e produzir os frutos que João Batista tanto falou? Pense nisso!

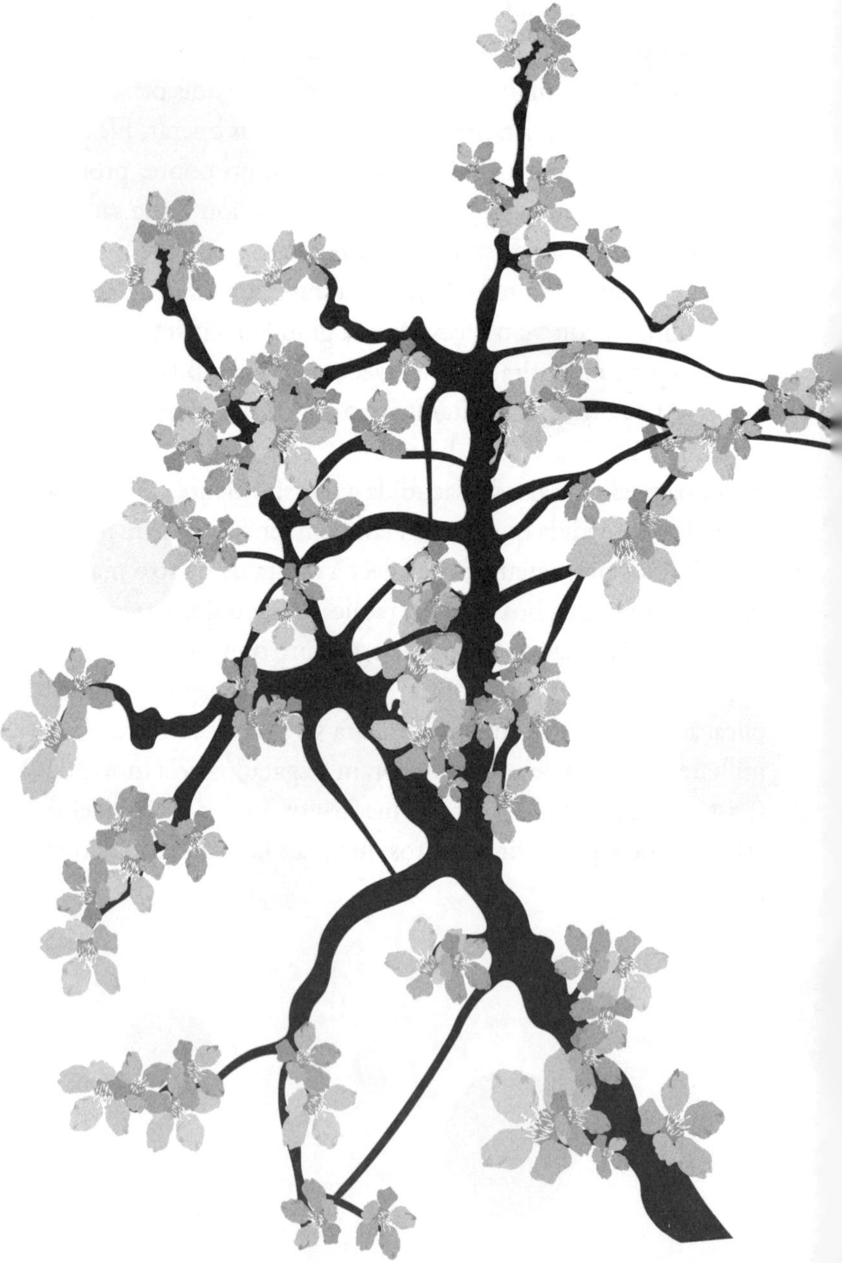

NEUROSE MODERNA OU CEGUEIRA ESPIRITUAL

Mas se o nosso evangelho está encoberto, para os que estão perecendo é que está encoberto. O deus desta era cegou o entendimento dos descrentes, para que não vejam a luz do evangelho da glória de Cristo, que é a imagem de Deus. (2 Coríntios 4.3-4)

Estamos nos aproximando do fim da jornada. A cada dia que passa os sinais são mais evidentes, as profecias estão se cumprindo, precisamos deixar de ser carnais para sermos espirituais, não atentando nós nas coisas que se veem, mas nas que não se veem; porque as que se veem são temporais, e as que se não veem são eternas (2 Coríntios 4.18). Deus tem chamado homens e mulheres para dar vista aos cegos e depois trazê-los das trevas para a luz. Deus quer despertar em nós o senso da espiritualidade, que é viver para a eternidade.

Quando nossos olhos são abertos, espiritualmente falando, já começamos a viver em uma nova dimensão de vida. Aprendemos na Palavra de Deus como vencer cada batalha que se levanta contra nós em nome de Jesus e vamos tomando posse das promessas que estão destinadas a todos que obedecem aos mandamentos do Senhor. É a luz que vai dissipando as trevas! Infelizmente, no mundo em que vivemos, há uma grande quantidade de pessoas sendo destruída por lhe faltar esse conhecimento. São os neuróticos espirituais. Vejamos uma ilustração que exemplifica muito bem o que estou falando.

Um neurótico moderno atravessa o deserto torrado pelo sol. Vê ao longe o verde-escuro do oásis refrescante e acolhedor, mas exclama: "Miragem! Puro engano da imaginação!" Assim mesmo, ele se aproxima da ilha verde do deserto. Nela vê concretamente as tâmaras, apalpa a relva, descansa os olhos na água da fonte. Nada disso o convence. Em sua neurose despótica, prossegue: "Tudo não passa de ilusão forjada pelo meu espírito que divaga. Essas fantasias são a projeção do meu desespero. O murmúrio das águas que meus ouvidos estão ouvindo é, sem dúvida, uma alucinação auditiva!". E conclui pesarosamente: "Como a natureza é cruel!". Horas depois, dois beduínos o encontram morto. O primeiro diz ao segundo: "Não dá para entender: as tâmaras lhe caem na boca e, apesar disso, morreu de fome; a água da fonte flui ao seu lado e, no entanto, morreu de sede. Como é possível?" O segundo lhe responde: "Era um neurótico moderno! Morreu do veneno de suas projeções".

A humanidade precisa buscar a Deus, durante alguns minutinhos, a qualquer hora do dia, na calada da noite, na solidão do apartamento. Tudo o que lhe for negado aqui, Deus lhe oferece a ele em abundância e por fim uma eternidade com Ele na cidade santa.

A PROSPERIDADE E A POBREZA

Pois vocês conhecem a graça de nosso Senhor Jesus Cristo que, sendo rico, se fez pobre por amor de vocês, para que por meio de sua pobreza vocês se tornassem ricos.
(2 Coríntios 8.9)

Para muitos prosperidade é possuir muitas riquezas, ter muito dinheiro no banco, uma mesa farta e pertencer a uma classe alta na sociedade. Bem, eu diria que sim, isso também faz parte da prosperidade, mas com certeza, não é uma definição correta.

Prosperidade abrange um patamar elevado de um grande conhecedor da Palavra de Deus, isto é, nos leva a mergulhar nas profundezas dos mistérios de nosso Deus, onde Ele revela, para aqueles cujo coração é totalmente Dele, todos os segredos para que a prosperidade verdadeira chegue até nós.

Ser rico não significa ser próspero, mas toda pessoa próspera é também uma pessoa rica. Isso porque prosperidade não significa necessariamente acumular riqueza. Ser verdadeiramente sadio, amado por todos, possuir todas as qualidades que levam a uma vida longa e feliz são características de quem é próspero, pois afasta a pobreza e abre caminho para uma riqueza abençoada.

Veja como Deus deseja que sejamos prósperos: "Eu, eu mesmo, falei; sim, eu o chamei. Eu o trarei, e ele será bem sucedido em sua missão" (Isaías 48.15). E Deus continua falando: "Então o verás e ficarás radiante; o seu coração pulsará forte e se encherá de alegria, porque a riqueza dos mares lhe será trazida, e a você virão as riquezas das nações" (Isaías 60.5). "Desde os tempos antigos ninguém ouviu, nenhum ouvido percebeu, e olho nenhum viu outro Deus, além de ti, que trabalha para aqueles que nele esperam" (Isaías 64.4).

Todas as mensagens citadas nos mostram que a verdadeira prosperidade vem de Deus, ou seja, ela é consequência de sermos amigos de Deus.

E a pobreza? De onde ela provém? Com certeza vem do inimigo de Deus. Ele é o responsável por todas as vidas destruídas, miseráveis, doentes e sem a mínima expectativa de prosperidade. Jesus mesmo disse que ele veio para matar, roubar e destruir. Ele investe no ser humano de uma maneira totalmente diferente de Deus, ou seja, ele apresenta os vícios, uma das principais causas da pobreza, como o cigarro, drogas e bebidas, onde além de gastar tudo o que possuem, perdem a saúde. Outra causa são os jogos de azar, raspadinhas, loterias. Atualmente, as pessoas gastam mais com jogos de azar do que com leite e pão diariamente. Quem aposta na sorte por meio do jogo, renuncia as bênçãos de Deus. A riqueza pelo jogo vem rápido, mas rapidamente vai embora.

Outra causa da pobreza é a preguiça, veja: "Vou dormir um pouco", você diz. "Vou cochilar um momento; vou cruzar os braços e descansar mais um pouco", mas a pobreza lhe virá como um assaltante, e a sua miséria como um homem armado'" (Provérbios 24.33-34).

O desânimo é a imagem da incredulidade e ele tem contribuído muito para trazer a pobreza. Em nossos dias, ouvimos muitas vezes jovens dizendo: "pobre de mim, não posso estudar, não posso entrar numa universidade, não posso fazer a carreira militar", e ficam só na lástima de si mesmos, sem o menor desejo de prosperar, crescer e ser alguém para fazer a diferença nesta Terra. Palavras negativas são o fruto da miséria, que tira da pessoa todo o sonho de prosperar. O apóstolo Paulo disse: "Posso todas as coisas naquele que me fortalece" (Filipenses 4.13).

Para aqueles que estão passando por esse vale de indecisão, meu conselho é: saiam imediatamente dessa zona de conforto e comecem a sondar quais são os talentos que você tem, o que gostaria de ser profissionalmente e o passo mais importante de todos: entregue seus sonhos e seus projetos nas mãos de Deus e, com certeza, Ele fará com que se tornem realidade. Veja o que Deus diz no primeiro salmo da Bíblia: "Bem-aventurado o homem que tem o seu prazer na lei do Senhor, pois será como a árvore plantada junto a ribeiros de água, a qual dá o seu fruto no seu tempo; as folhas não cairão, e tudo quanto fizer prosperará" (Salmo 1.2-3). Tome posse destas promessas.

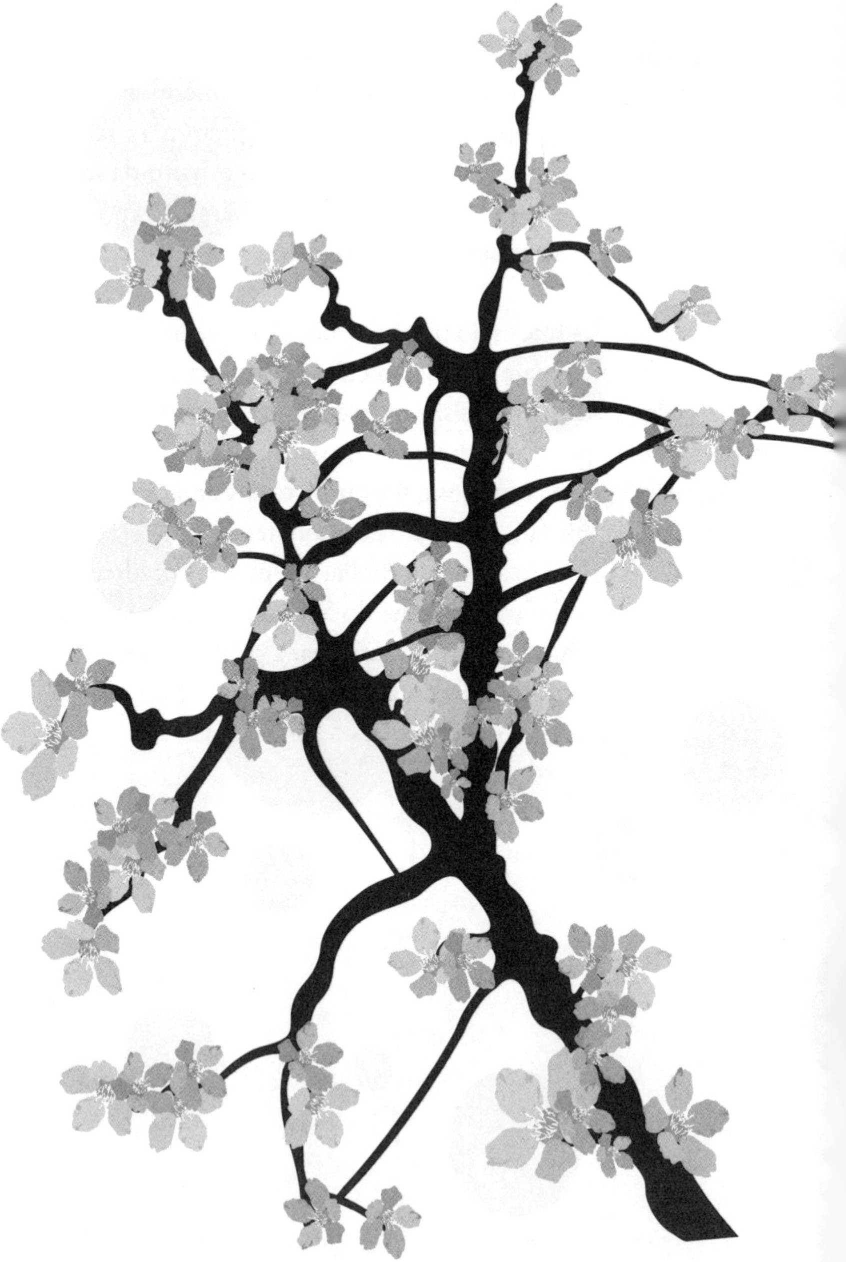

USE SUA BOCA PARA REMOVER A MONTANHA

Ele respondeu: "Por que a fé que vocês têm é pequena. Eu lhes asseguro que se vocês tiverem fé do tamanho de um grão de mostarda, poderão dizer a este monte: 'Vá daqui para lá', e ele irá. Nada lhes será impossível". (Mateus 17.20)

Tempos atrás, sempre que eu lia esta mensagem, eu falava: "Oh! A fé remove montanhas!". Mas, por muito tempo, tentei remover meus montes usando só a fé e por mais que eu conhecesse a Palavra de Deus, nem sempre funcionava. Foi então que eu li o livro *Como tomar posse da bênção*, de R. R. Soares, então comecei a interpretar corretamente essa mensagem. Percebi a importância da frase "direis a este monte". Portanto, o que move o monte é a palavra que sai da nossa boca; a nossa fé fará isso, usando nossas palavras com determinação.

Eu gosto muito do que disse Paul Young Cho, pastor da maior igreja do mundo, na Coreia do Sul. Ele estava falando, em Tiago 3, sobre a língua. Um amigo dele, um neurocirurgião, disse que eles haviam feito novas descobertas relacionadas ao funcionamento do cérebro. Eles descobriram que o centro da fala no cérebro exerce o domínio sobre todos os outros centros nervosos. Quando fazemos testes no centro da fala, todo o restante do cérebro responde. O centro da fala exerce o domínio. Então, disse o médico, quando uma pessoa diz: "Estou fraca", o centro da fala manda uma mensagem para todo o cérebro: "Prepare-se para ficar fraco". Então Deus fala: "Que o fraco diga: Eu sou forte". Quando uma pessoa diz que está velha, o centro da fala manda uma mensagem para todo o cérebro, dizendo: "Prepare-se para morrer".

O Pastor Cho disse para o seu amigo: "Eu já sei disso há muito tempo". Ele disse: "Não tem como! Essa descoberta é totalmente nova! Como você sabia disso?". Ele respondeu: "Aprendi com Tiago, no Novo Testamento!" Ele disse que a língua é um pequeno órgão que controla todo o corpo! Tiago diz que com a sua língua você determina a direção e o destino de sua vida. Ela é tão poderosa que, por meio dela, você se salvou, confessando a Jesus! Veja: "Mas o que ela diz? 'A palavra está perto de você; está em sua boca e em seu coração', isto é, a palavra da fé que estamos proclamando: Se você confessar com a sua boca que Jesus é Senhor e crer em seu coração que Deus o ressuscitou dentre os mortos, será salvo" (Romanos 10.9).

É maravilhoso saber que posso determinar a minha benção, usando minha boca juntamente com a minha fé. As duas juntas farão o milagre acontecer. Deus criou os céus e a terra por meio de sua Palavra.

Todavia, precisamos ter cuidado com nossas palavras, pois assim como elas podem mover montes, operar milagres, trazer bênçãos sem medida para a nossa vida, elas também têm poder para destruir uma vida. Em Tiago 3.8 diz: "A língua, porém, ninguém consegue domar. É um mal incontrolável, cheio de veneno mortífero. Com a língua bendizemos ao Senhor e Pai, e com ela amaldiçoamos os homens, feitos à semelhança de Deus".

Provérbios 18.21 nos diz: "A língua tem poder sobre a vida e sobre a morte; os que gostam de usá-la comerão do seu fruto".

Todos nós, algum dia, já ouvimos ou até falamos palavras cheias de ira e revolta, sem ao menos avaliar o efeito devastador que estas palavras podem causar na vida de uma pessoa. Quantas vezes já ouvimos palavras tenebrosas? "Esse menino não presta para nada!". "Quando você se casar, sua casa vai ser um inferno". "Você nunca vai aprender nada!". Frases como essas podem destruir para sempre a autoestima de qualquer pessoa, seja ela uma criança ou até mesmo um adulto. Provérbios 15.1 diz: "A resposta calma desvia a fúria, mas a palavra ríspida desperta a ira". Por causa destas palavras duras e desprovidas de misericórdia, lares são destruídos, filhos abandonam os pais, são travados conflitos entre colegas de trabalho e amizades são rompidas.

Veja o que a Palavra continua dizendo: "Mas eu lhes digo que, no dia do juízo, os homens haverão de dar conta de toda palavra inútil que tiverem falado. Pois por suas palavras você será absolvido, e por suas palavras será condenado" (Mateus 12.36-37). Vimos que com a nossa boca podemos trazer bênçãos para nossa vida, mas também podemos trazer o mal, portanto vigiar nossos lábios é lucro certo. O salmista Davi temia falar sem refletir, pecar ou amaldiçoar os outros, e para se prevenir pediu a Deus com sinceridade: "Coloca, Senhor, uma guarda à minha boca; vigia a porta de meus lábios" (Salmos 141.3).

Para concluir, vamos ler Efésios 4.29: "Nenhuma palavra torpe saia da boca de vocês, mas apenas a que for útil para edificar os outros, conforme a necessidade, para que conceda graça aos que a ouvem".

Usemos nossa boca para profetizar vida e tomar posse de tudo aquilo que Deus já nos concedeu através de seu filho, o Senhor Jesus.

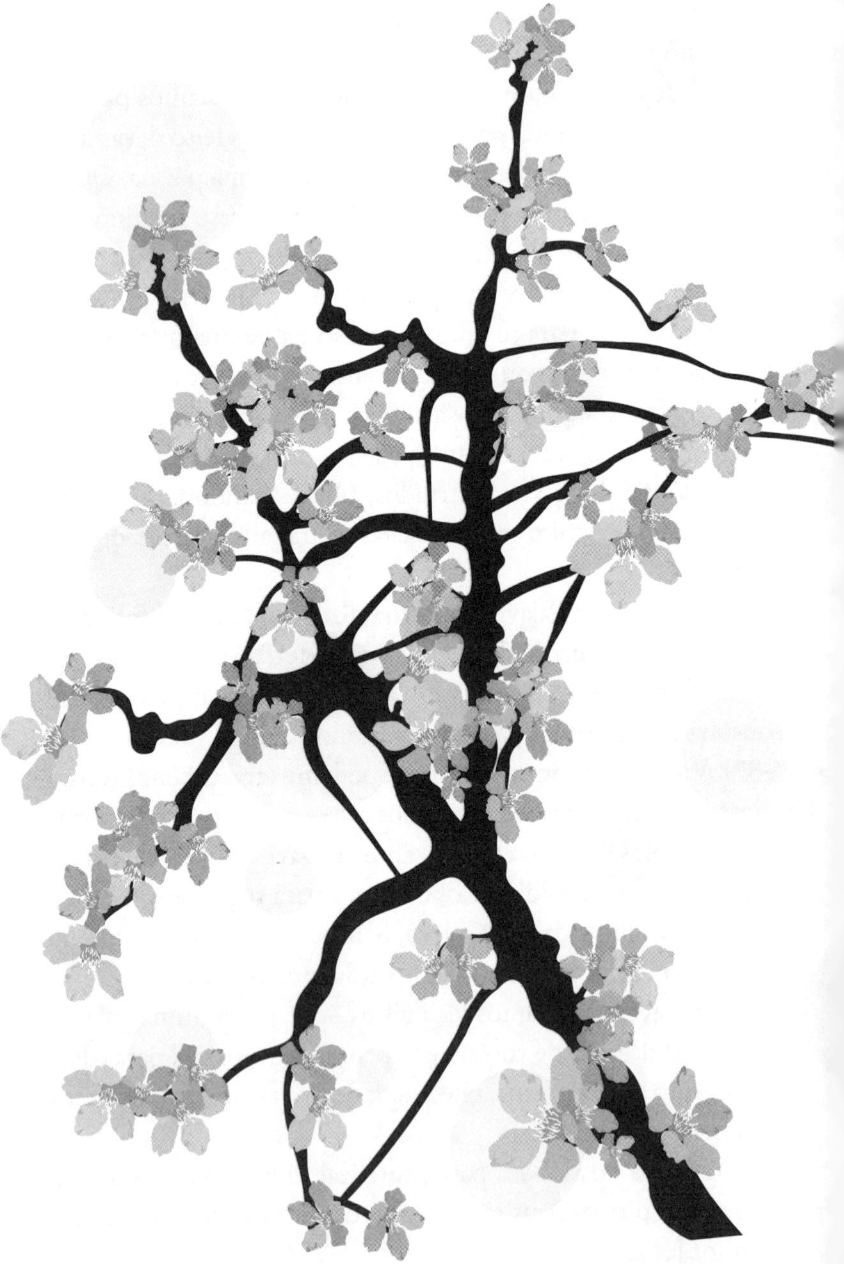

BENÇÃO NA RODOVIÁRIA

Os olhos do Senhor voltam-se para os justos e os seus ouvidos estão atentos ao seu grito de socorro. (Salmo 34.15)

Era um fim de semana, véspera de um feriadão e eu resolvera visitar minha mãe que morava em outra cidade, distante quase trezentos quilômetros. Como eu havia ficado viúva a pouco tempo e não gostava de dirigir sozinha, resolvi que o melhor seria viajar de ônibus. A rodoviária ficava distante de minha casa, quase uma hora de ônibus. Então, cada vez que viajava para minha cidade natal, tinha de fazer uma maratona, ir até a rodoviária e comprar as passagens da viagem.

Como aquele fim de semana era véspera de um feriado, a rodoviária estava repleta de pessoas, todas querendo ir para alguma cidade diferente. Lembro-me de que cheguei no balcão de vendas uns 15 minutos antes das onze da manhã e as filas eram enormes. Então pedi a minha passagem para a moça atendente: "Quero uma passagem para o primeiro ônibus que sai agora, às onze horas". Ela olhou para mim, com um olhar de reprovação e com um sorriso irônico foi logo dizendo: "Esse horário já está lotado e no seguinte das doze horas também não tem mais lugar, nem no das duas horas, você só poderá ir no horário das quinze horas". Lembro-me como se fosse hoje, virei o rosto para o lado, sem me preocupar com a enorme fila atrás de mim e orei: "Senhor Jesus, eu quero ir agora". Rapidamente, virei meu rosto para a frente, a moça com um olhar de reprovação indignada me disse: "Você não entendeu o que falei? Não tem mais lugar no ônibus". Contudo, naquele momento senti alguns dedos tocando os meus ombros, olhei para ver quem era e o jovem me falou: "Você não gostaria de comprar minha passagem? Eu a comprei antecipada, mas agora meu irmão vai de carro visitar a nossa família e eu quero ir com ele, mas não queria perder o dinheiro da passagem.

A gente sabe que milagres acontecem a todo instante, mas até mesmo eu, com toda a minha fé, fiquei meio atônita em ver como Jesus havia respondido aquela minha oração tão rápido daquela maneira. Então, respirei fundo e saí da fila, paguei a passagem para aquele jovem e fui direto para o ônibus que já ia partir em poucos minutos. Entrei no ônibus e o meu banco era um dos primeiros. Sentei-me confortavelmente e então comecei a agradecer a Jesus por aquele milagre que Ele acabara de realizar para mim. Meus pensamentos perambulavam pela minha mente, com certeza Jesus já sabia que eu ia precisar de uma passagem para aquele horário, então Ele providenciou tudo bem antes mesmo de eu orar. Às vezes, pensamos que precisamos de orações longas para que o milagre aconteça, mas naquela manhã eu aprendi que bastam poucas palavras, com fé e determinação, para que Jesus nos surpreenda. A fé é a certeza das coisas que se esperam. Aleluia!

SANSÃO, SEUS ERROS E SUAS CONSEQUÊNCIAS

Disse, pois, Dalila a Sansão: "Conte-me, por favor, de onde vem a sua grande força e como você pode ser amarrado e subjugado". (Juízes 16.6)

Certo homem de Zorá, chamado Manoá, do clã da tribo de Dã, tinha mulher estéril. Certo dia o anjo do Senhor apareceu a ela e lhe disse: "Você é estéril, não tem filhos, mas engravidará e dará à luz um filho. Todavia, tenha cuidado, não beba vinho nem outra bebida fermentada, e não coma nada impuro; e não se passará navalha na cabeça do filho que você vai ter, porque o menino será nazireu, consagrado a Deus desde o nascimento; ele iniciará a libertação de Israel das mãos dos filisteus".(Juízes 13.2-5)

Como vimos acima, Deus tinha um plano para Sansão e a obra que ele tinha de cumprir era livrar Israel do poder dos filisteus. Então Deus o incitava contra estes de várias maneiras e para derrotá-los colocou sobre Sansão uma força sobrenatural que ninguém podia subjugá-lo, nem detê-lo, de tal forma que certa vez feriu mil homens com uma queixada de jumento. Muitas vezes, de maneiras diferentes, Sansão derrotou os filisteus com facilidade, sempre usando a sua força.

Sansão era um homem que foi preparado por Deus com um propósito, que era derrotar os inimigos que afrontavam o seu povo, mas, infelizmente, na primeira oportunidade, seus olhos saíram dos limites que Deus tinha lhe dado. Sansão desceu e os planos de Deus começam a mudar em sua vida.

Que pena! Ele tinha força e talento para realizar o propósito que lhe fora incumbido, mas cometeu vários erros que o levaram direto para uma derrota.

Como diziam os antigos: Depois que a carroça se vai ladeira abaixo, não adianta mais brecar, é pior, pois se brecar ela vira mais rápido.

O primeiro erro de Sansão foi se casar com uma filha dos filisteus, o que não deu muito certo, pois logo ele a perdeu para outro homem.

Outro erro de Sansão foi não observar os mandamentos de Deus, pois ele fazia só que lhe dava vontade. Certa vez, quando um leão saiu ao encontro de Sansão, o espírito do Senhor se apossou dele e ele rasgou aquele leão como se rasga um cabrito, sem ter nada nas mãos. Até aqui, tudo bem. O problema é que depois de alguns dias Sansão passou por aquele caminho e viu um enxame de abelhas no corpo do leão morto, pois havia mel no cadáver. O rapaz então tomou um favo nas mãos e foi comendo pelo caminho, e ainda levou para seus pais, que comeram sem saber que aquilo foi tirado do corpo do leão que Sansão havia matado. Onde está o erro? Primeiro, não era permitido tocar em nada morto, quanto mais pegar mel para comer de dentro de um cadáver. E para piorar a situação, Sansão levou este fato na brincadeira a tal ponto de fazer um enigma para os filisteus adivinharem. "Do comedor saiu comida, e do forte saiu doçura", esse era o enigma. Como em três dias não puderam decifrar o enigma, conseguiram fazer com que a mulher de Sansão o persuadisse a decifrá-lo. A mulher começou a chorar na presença de Sansão até que ele acabou cedendo, decifrou o enigma e ela foi correndo contar para os filisteus o que descobriu. Esse erro levou Sansão a perder sua mulher. Os erros foram se acumulando na vida dele. A desobediência a Deus foi a causa de tudo.

Sansão pecou novamente, pois ele se afeiçoou a uma mulher vulgar do vale de Soreque, chamada Dalila. Essa mulher era muito má. Todos a consideravam o símbolo sexual da época. Os inimigos de Sansão sabiam perfeitamente que pela força jamais poderiam derrotá-lo, então resolveram usar os poderes maléficos de Dalila. Sansão tinha muita força física, mas não foi forte o bastante para resistir ao espírito de sedução daquela mulher. Quantos casos semelhantes há em nosso meio. Homens de Deus vencem várias tentações, mas quando são abordados pelo espírito de sedução, na pessoa de uma mulher sedutora, fracassam. As sedutoras são mentirosas, enganadoras, perversas, falsas, astutas e diabólicas; são usadas pelo inimigo para fazer cair grandes homens de Deus.

Dalila foi a maior desgraça na vida de Sansão, pois ela o seduziu de tal forma que ele acabou revelando o grande segredo de sua força. Por causa disso, ele foi massacrado pelos filisteus, pois o Senhor já tinha se retirado dele.

Foi muito triste o final da vida de Sansão, pois ele tinha tudo para ser um herói, vencer os inimigos, ter uma família abençoada, mas seus erros o tornaram vulnerável nas mãos dos filisteus. Esses inimigos rasparam as sete tranças de Sansão, com isso a força dele se retirou; depois o cegaram, amarraram-no com cadeias de bronze e o fizeram empurrar um moinho que estava no cárcere. A partir daí, Sansão percebeu o grande erro que cometera e quantas vezes havia fugido do propósito que Deus tinha para ele, entristecendo ao Senhor. Então, quando já não tinha mais força alguma, e estava totalmente vulnerável nas mãos do inimigo, ele clamou a Deus, pedindo que sua força voltasse só mais uma vez, para que ele morresse juntamente com os filisteus. E assim aconteceu. Sansão conseguiu derrubar o lugar onde ele e os filisteus estavam, e morreram mais filisteus em sua morte do que todos que ele matara em vida.

O final dessa história é muito triste, mas ela ficou registrada para nos ensinar e nos proteger. Veja o que diz 2 Timóteo 3.16-17: "Toda a Escritura é inspirada por Deus e útil para o ensino, para a repreensão, para a correção, para a educação na justiça, a fim de que o homem de Deus seja perfeito e perfeitamente habilitado para toda boa obra".

Pense nisso!

MUDE SUA MENTE, FAÇA A DIFERENÇA!

Digo porém que, enquanto o herdeiro é menor de idade, em nada difere de um escravo, embora seja dono de tudo. No entanto, ele está sujeito a guardiães e administradores até o tempo determinado por seu pai. Assim também nós, quando éramos menores, estávamos escravizados aos princípios elementares do mundo. Mas, quando chegou a plenitude do tempo, Deus enviou seu Filho, nascido de mulher, nascido debaixo da lei, a fim de redimir os que estavam sob a lei, para que recebêssemos a adoção de filhos. E, porque vocês são filhos, Deus enviou o Espírito de seu Filho aos seus corações, o qual clama: "Aba, Pai". Assim, você já não é mais escravo, mas filho; e, por ser filho, Deus também o tornou herdeiro. (Gálatas 4.1-7)

Vimos, neste extenso texto, uma palavra que nos diz que somos filhos de Deus e, se somos filhos, logo somos também herdeiros de Deus. Como se explica, então, haver tantos cristãos vivendo uma vida derrotada, como se fossem servos? O grande problema é que nos acostumamos a pensar errado, ainda somos meninos no entendimento das Escrituras. Veja bem, se o herdeiro é menino, ele não tem diferença do servo, mesmo tendo direito sobre todos os bens de seu pai, nada acontece na vida dele, porque ele ainda não aprendeu como se comportar como um herdeiro.

Mas tem que haver uma diferença, pois o filho é diferente do servo, o filho tem direito de filho, o servo não, ele é apenas aquele que serve, digamos, é o empregado da casa. Como pode um filho ter um Pai tão poderoso e viver como um derrotado? Deus é rico, então por que os filhos são pobres? Deus é forte, por que os filhos são fracos? Olhando para a situação com os olhos naturais, parece que há algo meio confuso, não é mesmo? Não, não tem nada errado na Palavra, o que precisa ser mudado é a nossa mentalidade. Você precisa começar a se portar como filho e tomar posse de tudo aquilo que de direito lhe pertence. Precisa deixar de ser menino, crescer e amadurecer na fé. Comece a fazer coisas grandes, de pessoas grandes, digo adultas na fé, pois você agora já sabe que é dono de toda a riqueza do Pai, pois você é filho Dele.

Se você quer vencer na vida, seja uma pessoa diferente das outras, se você liberar a sua mente para ser forte, você vai ser forte, libere sua mente para ter saúde e terá saúde. O vitorioso pensa diferente, ele é diligente, ele vai em frente, abrindo caminhos, colocando sua fé em ação sem nunca se desviar da Verdade. Sabe quem determina o que você vai fazer amanhã? Só você. Deus te deu autoridade para isso. A arte da vida é saber viver de acordo com a Palavra de Deus. Faça a diferença!

OS SONHOS DE DEUS SE CUMPREM

Com sabedoria se constrói a casa, e com discernimento se consolida. Pelo conhecimento os seus cômodos se enchem do que é precioso e agradável. (Provérbios 24.3-4)

Foi durante uma campanha de oração na igreja, onde o propósito era irmos orar pela manhã todos os dias daquela semana, pelo menos uma hora, cada uma das integrantes do nosso círculo de oração.

Lembro-me bem que eu estava de joelhos dobrados e conversava com Deus, com minha costumeira intimidade com Ele. Eu o sentia ali, ao meu lado. Era possível sentir sua presença me envolvendo. De repente, Ele me transportou dali, foi como se alguém me erguesse e me soltasse em uma dimensão totalmente diferente, alguém caminhava ao meu lado, me mostrando lugares lindos, ruas iluminadas e depois entrei em um lugar muito lindo, parecia um palácio, daqueles que a gente só vê em filmes. As paredes brilhavam, como pedras preciosas, os móveis eram todos bem torneados e havia uma luz muito forte no ambiente que faziam doer os meus olhos. Fiquei perplexa com tudo aquilo que meus olhos viam. Eu estava com os meus olhos fechados, mas não estava dormindo, estava bem acordada. De repente, senti como um sussurro de Deus em meus ouvidos dizendo:

"Eu vou te levar a lugares altos". Essa visão ficou gravada em minha mente. Voltei para casa depois da oração, mas não conseguia esquecer tudo o que eu tinha vivenciado naquela manhã ali na igreja.

Naqueles dias, eu ainda andava bastante triste, pois tinha perdido meu esposo há poucos meses e na minha mente perambulavam pensamentos de como seria minha vida dali para frente, como eu iria administrar minha casa, agora que estava sozinha e tinha dois filhos jovens que precisam de mim.

Mas aquele acontecimento me trouxe, de certa forma, uma esperança. Naquela mesma semana, não me lembro se um ou dois dias depois da visão na igreja, tive um sonho, no qual Deus mais uma vez se manifestou e falou comigo, confirmando aquilo que Ele já tinha me mostrado naquela manhã. Nesse sonho, um vendedor de bananas estava pouco acima de minha casa e ele tinha três tipos de banana. E havia um tipo que eu nunca tinha visto antes, era marrom-escura, da cor da terra. Então, eu perguntei ao vendedor: "Como se chamam essas bananas?". Ele respondeu: "Banana roubada". Achei tudo muito estranho, depois de um tempo eu vi em uma revista aquelas bananas, elas existiam mesmo, mas com outro nome, banana da terra.

Naquele sonho fui comprar um quilo de banana e perguntei o preço. Ele disse: um real. Então eu dei uma nota de dois reais a ele e fiquei esperando o troco. Não ria, por favor, mas naquele tempo era barato mesmo. Comprava-se um quilo de banana por um real. Ele tinha que me devolver apenas um real, segundo a minha matemática, certo? Mas ele começou a derramar muito dinheiro, era como se estivesse despejando de um grande vaso muito dinheiro. Todo aquele dinheiro vinha sobre mim e eu já não tinha mãos suficientes para poder pegar tudo aquilo. Foi então que eu falei: "Moço você está me dando dinheiro a mais". Então ouvi uma voz doce e suave em meus ouvidos que dizia: "Deus está te devolvendo tudo o que o inimigo te roubou". Depois dessas palavras, acordei e fiquei meditando em cada detalhe daquele sonho.

Os dias se seguiram e Deus nunca deixou faltar nada. Meu filho já estava trabalhando na mesma empresa onde eu trabalhara antes como química e minha filha logo começou a trabalhar também. Fiquei seis anos viúva e Deus colocou alguém muito especial em minha vida, acabamos nos casando e fomos muito felizes. Quanto à minha vida profissional, voltei a dar assistência química em pequenas empresas, montei meu *site* e comecei a vender cursos profissionalizantes para novos empreendedores. Fui professora de modelagem industrial e em tudo o que eu colocava minhas mãos, eu prosperava. E isso acontece em minha vida até os dias de hoje. Só para relembrar o sonho: verdadeiramente Deus me devolveu tudo que o inimigo tinha me roubado.

Se Deus lhe deu um sonho, aguarde, com certeza ele se tornará realidade. Quer saber qual é o segredo para que seus sonhos se realizem? Não tem segredos, basta que você tenha intimidade com Deus.

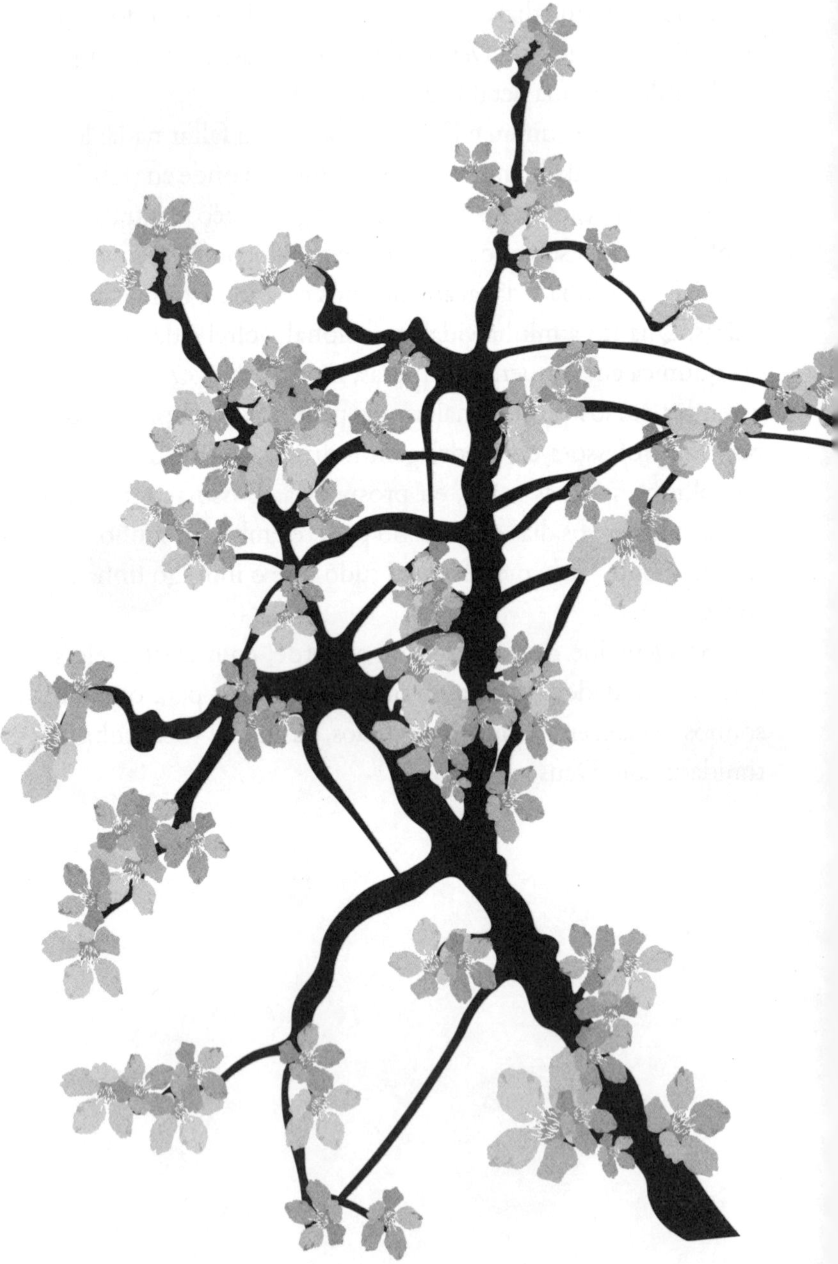

PARA QUE SERVEM OS DESERTOS?

Lembre-se de como o Senhor, o seu Deus, os conduziu por todo o caminho no deserto, durante estes quarenta anos, para humilhá-los e pô-los à prova, a fim de conhecer suas intenções, se iriam obedecer aos seus mandamentos ou não. (Deuteronômio 8.2)

Sempre que nós pensamos nesse assunto, logo vem a nossa mente o povo hebreu saindo do Egito em direção à terra prometida.

Na verdade, os desertos são períodos tão tristes que nem gostamos de lembrar deles, mas Deus está dizendo: "Recordar-te-ás de todo o caminho que Ele te guiou nesse período". Desertos não são para durar a vida inteira, mas o povo de Israel ficou lá por 40 anos, porque foram desobedientes a Deus. Era um trajeto para ser percorrido em poucos dias, mas o pecado e a incredulidade deles os afastaram da presença de Deus, levando muitos à morte.

O deserto sempre foi o cenário predileto de Deus para testar o seu povo. Serve para aproximar e para ensinar os filhos incrédulos a dependerem Dele. O deserto ensina a prática da paciência que é um fruto que se recebe, quando alguém passa por uma prova. Os desertos são testes. Quem aprende a vencer os desertos, aprende a derrotar o inimigo. Infelizmente, muitos do povo de Israel não passaram no teste. A Palavra diz que a terra engoliu, cobra mordeu, ou seja, muitos foram tragados naquele deserto.

O primeiro propósito de Deus no deserto é fazer com que nos tornemos humildes. Depois da humilhação seremos exaltados por ele. Olhando para a Palavra encontraremos vários exemplos de homens que foram humilhados tremendamente enquanto estavam atravessando seu deserto. Veja o exemplo de José: ele foi colocado numa cova, vendido como escravo, esteve preso sendo esquecido naquela prisão, mas mesmo sendo humilhado dessa maneira, Deus sempre estava por perto, pois José era fiel e obediente a Deus em todo tempo do seu deserto, nunca desobedeceu ao Senhor. Outro exemplo muito forte de humilhação foi o nosso Senhor Jesus, que foi humilhado naquela cruz, mas Ele não abriu a sua boca, ficou esperando no Senhor, e hoje Ele está assentado à direita do Pai.

O segundo propósito de Deus no deserto é para nos provar, mas lembre-se sempre: Deus só prova aqueles a quem Ele ama. Muitos personagens bíblicos foram provados. Outro exemplo que conhecemos muito bem foi o de Jó. Este homem foi provado em vários sentidos, perdeu a saúde, as finanças, os filhos, a autoestima, o respeito das pessoas, mas não perdeu a sua fé em Deus. No meio da provação ele disse: "Eu sei que meu redentor vive". O nosso Deus está vivo, ele é real e a prova não é permanente, ela tem um fim. O dia da vitória vai chegar. Jó foi provado, mas passou na prova e também falou que antes da prova, somente conhecia Deus de ouvir falar, mas no final dela, ele conversou com o Senhor, ouviu a voz de Deus de dentro de um redemoinho. É no deserto que aprendemos a ter intimidade com Deus.

O terceiro propósito de Deus no deserto é saber o que está no coração do homem.

Em Hebreus 4.12-13 o escritor escreveu: "Pois a palavra de Deus é viva e eficaz, e mais afiada que qualquer espada de dois gumes; ela penetra ao ponto de dividir alma e espírito, juntas e medulas, e julga os pensamentos e intenções do coração. Nada, em toda a criação, está oculto aos olhos de Deus. Tudo está descoberto e exposto diante dos olhos daquele a quem havemos de prestar contas".

A palavra do senhor penetra no coração do homem e mostra realmente quem somos, pois é no deserto que realmente mostramos quem somos.

Veja isso: Se você quiser fazer do deserto uma morada, vai ser uma trajetória de murmuração. Mas se você crer nas promessas de Deus, não há deserto que segure você. Em Isaías 1.19 está escrito: "Se quiserdes e me ouvirdes, comereis o melhor desta terra", portanto se você estiver atravessando um deserto, não murmure, não desanime, apenas espere em Deus, não perca seu tempo com dúvidas. Confie em Deus, pois isso vai pôr fim no seu deserto. Lembre-se: Canaã é logo ali!

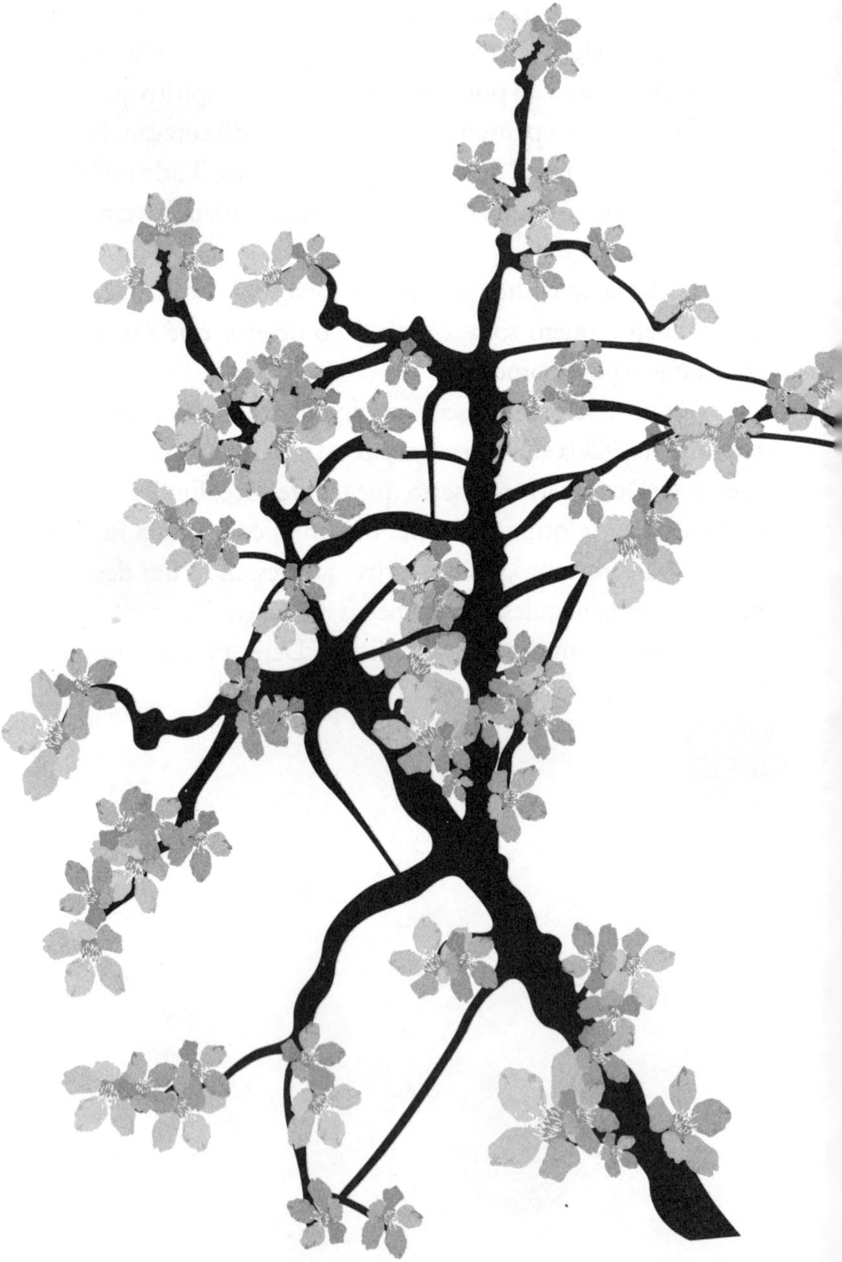

QUER FAZER A DIFERENÇA? ABRA SEU ESPAÇO

Passei pelo campo do preguiçoso, pela vinha do homem sem juízo; havia espinheiros por toda parte, o chão estava coberto de ervas daninhas e o muro de pedra estava em ruínas. Observei aquilo, e fiquei pensando, olhei e aprendi esta lição: "Vou dormir um pouco", você diz. "Vou cochilar um momento; vou cruzar os braços e descansar mais um pouco", mas a pobreza lhe virá como um assaltante, e a sua miséria como um homem armado. (Provérbios 24.30-34)

Acredito que o homem criado por Deus não deve desperdiçar nada que Ele deu e o tempo certamente é um dos maiores bens que temos. Todos possuem a mesma quantidade de tempo e, no entanto, alguns fazem tantas coisas com ele ao passo que outros nada fazem. E esse tipo é o que se encaixa direitinho na palavra acima.

As portas estão sempre abertas, mas alguns já se acomodaram numa zona de conforto miserável, onde a desgraça da escassez, os espinhos e a sujeira ao seu redor não fazem a menor

diferença, pois a preguiça tem dominado a situação. Esta é a causa de tanta pobreza em nosso meio.
Deus lhe deu algo para fazer? Levante-se. Vá e trabalhe. Abra seu espaço. Haverá uma manifestação que vai sair de dentro de você, é Deus que está lhe inspirando, mantenha o foco e siga em frente, prepare-se para enfrentar os obstáculos que com certeza virão, mas de jeito nenhum devem ser motivo para você desistir.

Josué tinha que lutar para conquistar a terra prometida, então vieram alguns desanimados e disseram "a terra está cheia de inimigos". Se você busca facilidades, nunca vai conquistar nada.

Para conquistar algo grande, você terá que ser corajoso e se revestir da armadura de Deus. Não pense, nem por um momento, que quando Deus começar a lhe usar, você vai ficar livre de perseguição. Saiba de uma coisa, Deus tem bênçãos para lhe dar, mas você nunca receberá nada que não lhe custe um preço. Ninguém poderá colher nada além daquilo que plantou e até a colheita é uma trajetória de fé e muito trabalho.

Canaã era uma terra deleitosa, onde manava leite e mel, e ela fora prometida por Deus ao seu povo. Em razão disso, Josué mandou doze homens para espiar a terra. Desses doze, apenas dois deles, Josué e Calebe, disseram que a terra realmente era muito boa, mas os outros dez disseram que a terra estava cheia de gigantes, e eles eram como gafanhotos aos seus olhos, e inflamaram todo o povo com essa má notícia. Daí começou uma trajetória de lutas. Todos aqueles que duvidaram da promessa de Deus foram descartados; mas Josué e Calebe tinham fé e determinação e isso os fez conquistar a terra prometida. Em Isaías 1.19 está escrito: "Se vocês estiverem dispostos a obedecer, comerão os melhores frutos desta terra". Você quer ouvir?

COMO SER FELIZ NUM MUNDO TÃO DECADENTE?

Deus nos ressuscitou com Cristo e com ele nos fez assentar nos lugares celestiais em Cristo Jesus, para mostrar, nas eras que hão de vir, a incomparável riqueza de sua graça, demonstrada em sua bondade para conosco em Cristo Jesus. (Efésios 2.6-7)

Na verdade, essa felicidade que temos sempre acaba intrigando muitas pessoas que ainda não foram alcançadas pela graça da salvação, onde Cristo nos fez assentar em lugares altos. Ele nos destinou a estar num lugar superior, acima de toda decadência que existe neste mundo e conseguimos manter nosso espírito elevado independentemente de qualquer situação difícil, seja ela familiar, financeira ou algum fracasso que tenha ocorrido no passado. Nada mais nos detém, nada pode impedir nossa caminhada em direção a uma nova dimensão de vida, repleta de vitórias.

A felicidade é sentir-se bem acerca de si mesmo. Não podemos confundir isso com popularidade. Isso seria o que os outros pensam a nosso respeito, mas o que você pensa sobre si mesmo, isso sim fará grande diferença em sua vida. O segredo é o que vamos decidir buscar para nós mesmos, nunca permita que as dores do passado encerrem você na prisão da derrota. Destrua todas essas lembranças.

Ouse resistir ao que você sofreu no passado. Veja o que nos diz Isaías 43.18-19: "Esqueçam o que se foi; não vivam no passado. Vejam, estou fazendo uma coisa nova! Ela já está surgindo! Vocês não o percebem? Até no deserto vou abrir um caminho e riachos no ermo". Busque aproximar-se mais de Deus e com certeza você vai descobrir quais são os propósitos que Ele mesmo já tem preparado para que o seu caminho seja vitorioso. Procure conhecê-lo melhor. A natureza de Deus, a compaixão e o amor estão refletidos nas atividades que Jesus realizou quando esteve entre nós aqui na Terra. Ele tirou um tempo para conversar com a mulher samaritana, com as crianças, com um cobrador de impostos. Jesus se importava com as pessoas e continua se importando conosco.

A felicidade vai acontecer quando você se mover em direção ao que realmente é bom para você. Busque a sabedoria que vem do alto. Para prosperar, você precisa crescer na graça e no conhecimento, pois Oseias 4.6 diz: "O meu povo foi destruído por falta de conhecimento". Contudo, há uma saída para quem quer crescer. Veja: "Se clamar por entendimento e por discernimento gritar bem alto, se procurar a sabedoria como se procura a prata e buscá-la como quem busca um tesouro escondido, então você entenderá o que é temer ao Senhor e achará o conhecimento de Deus" (Provérbios 2.3-5).

Esse é o segredo para ser feliz de verdade. Pense nisso!

COMO VENCER AS TEMPESTADES

Levantou-se um forte vendaval, e as ondas se lançavam sobre o barco, de forma que este foi se enchendo de água. Jesus estava na popa, dormindo com a cabeça sobre um travesseiro. Os discípulos o acordaram e clamaram: "Mestre, não te importas que morramos?" Ele se levantou, repreendeu o vento e disse ao mar: "Aquiete-se! Acalme-se!" O vento se aquietou, e fez-se completa bonança. Então perguntou aos seus discípulos: "Por que vocês estão com tanto medo? Ainda não têm fé?"
(Marcos 4.37-40)

A tempestade é uma situação grave, ela faz com que os que estão envolvidos nela, muitas vezes percam o controle da situação. Quando ela acontece em alto-mar, o comandante do navio não consegue conduzi-lo na direção certa. Mas as tempestades não ocorrem apenas em alto-mar, muitas vezes elas se apresentam em nossa vida, trazendo medo e pavor. Quando uma tempestade violenta desaba sobre a vida de uma pessoa, esta perde o equilíbrio emocional, mental, físico, financeiro e familiar.

Há uma diferença entre medo e pavor. O medo é um sentimento normal, já o pavor é um medo incontrolável. De maneira nenhuma permita que o pavor domine sua vida.

Antes de tudo, aprenda a avaliar se o que está acontecendo em sua vida é realmente uma tempestade ou apenas um problema corriqueiro.

É durante a tempestade que muitos perdem o equilíbrio. Diz o texto de Marcos que as ondas passavam por cima do barco. A tempestade está sempre acima de nossa capacidade humana, mas se praticarmos o que o Jesus nos ensinou em sua Palavra, estaremos capacitados a sair do meio de qualquer tipo de problema.

Em duas tempestades Jesus repreendeu o medo dos discípulos fazendo uso de duas expressões. Na primeira delas, o Senhor se dirigiu a todos os seus discípulos: "Por que sois tão tímidos? Ainda não tendes fé?" (Marcos 4.40). A segunda repreensão foi dirigida diretamente a Pedro: "Homem de pequena fé, por que duvidaste?" (Mateus 14.31). Se você quiser vencer as tempestades, vai precisar ter fé e determinação. Faça como Jesus fez, ordene que a tempestade se acalme e emudeça, e você verá uma grande bonança.

A palavra de Deus está cheia de exemplos de homens e mulheres que atravessaram grandes tempestades e saíram do meio dela usando apenas uma palavra de fé, temperada com uma determinação admirável. No livro de Mateus, encontramos a história daquele centurião estrangeiro que estava com seu servo muito enfermo e disse ao Senhor que bastava uma única palavra de Jesus para que seu servo ficasse curado, e Jesus lhe disse: "Em verdade vos digo que nem mesmo em Israel encontrei tanta fé" (Mateus 8.10).

A mulher cananeia é outro exemplo. Ela estava com sua filha endemoniada e pediu a Jesus que a socorresse, mas Ele disse:

"Não é bom pegar o pão dos filhos e deitá-los aos cachorrinhos" mas ela respondeu: "Sim, Senhor, mas também os cachorrinhos comem das migalhas que caem da mesa dos seus senhores". Então Jesus falou: "Ó mulher, grande é a tua fé. Seja isso feito para contigo, como tu desejas" (Mateus 15.28).

Às vezes, Deus permite situações difíceis em nossa vida para testar a nossa fé, pois no meio da adversidade podemos fazer um trampolim para chegar mais perto Dele. Você se lembra da história da sunamita, aquela mulher que havia deixado seu filho morto em casa e foi ao encontro do homem de Deus? No caminho lhe perguntaram: "Vai tudo bem contigo? Vai bem tua casa?". E ela respondeu: "Vai tudo bem". O filho dela estava morto, mas ela tinha decidido não se abalar com a situação, não deixou o medo abater a sua fé e foi em busca de sua bênção.

O grande segredo para sair de uma tempestade é rejeitar a presença do medo. Fuja dele. Veja isso: "No amor não há medo; pelo contrário o perfeito amor expulsa o medo, porque o medo supõe castigo. Aquele que tem medo não está aperfeiçoado no amor" (1 João 4.18). Da mesma forma pela qual a fé é uma arma poderosa para construir, o medo é usado para destruição. Provérbios 24.10 diz: "Se você vacila no dia da dificuldade, como será limitada a sua força!". Deus falou para Josué: "[...] seja forte e corajoso! Não se apavore, nem se desanime, pois o Senhor, o seu Deus, estará com você por onde você andar". (Josué 1.9)

Vença seu medo! Repreenda a tempestade!

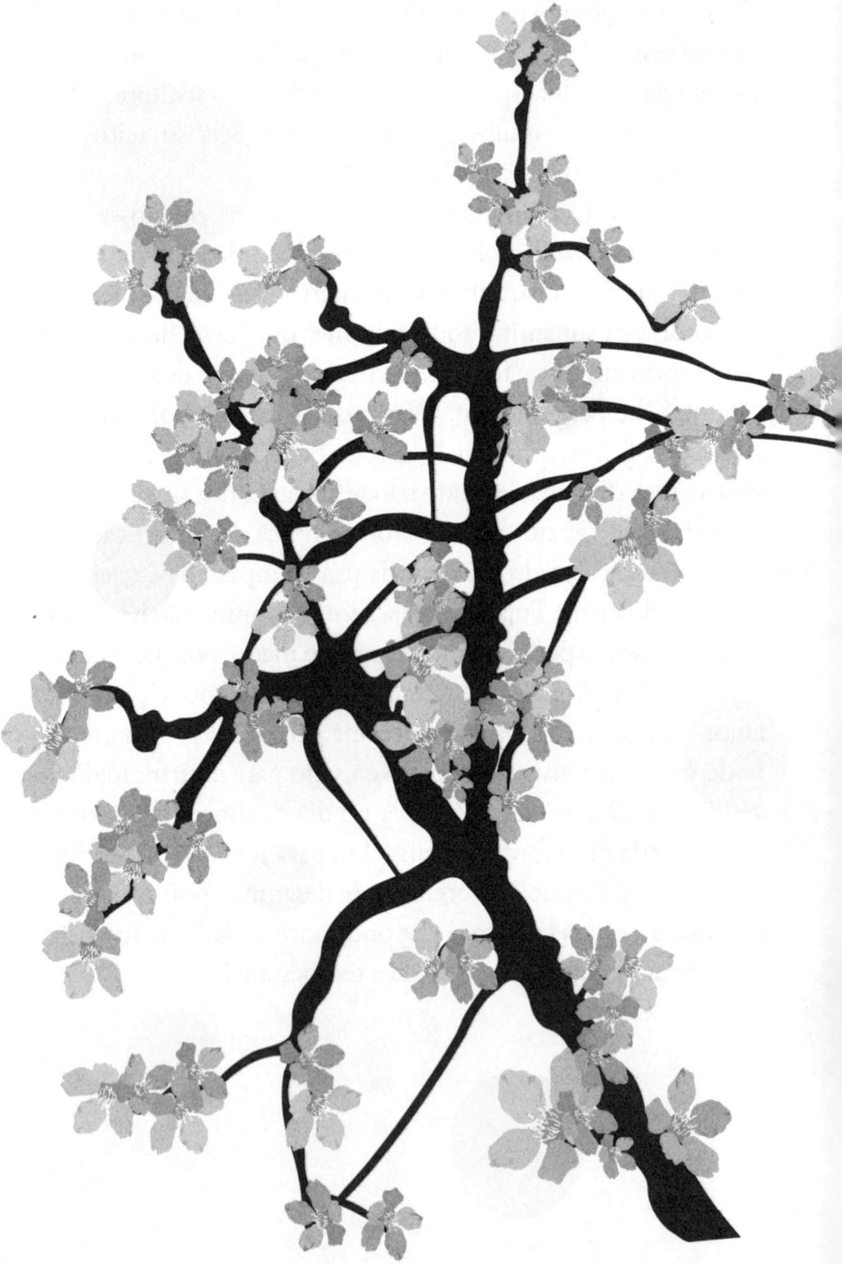

POR QUE DEUS NÃO RESPONDE ALGUMAS ORAÇÕES?

Clame a mim e eu responderei e lhe direi coisas grandiosas e insondáveis que você não conhece. (Jeremias 33.3)

Muitas vezes, pensamentos interrogativos perturbavam a minha mente, pois se Deus está sempre pronto a nos ouvir, por que havia tantos irmãos queridos na igreja lutando com sérios problemas? Será que as misericórdias do Senhor estão disponíveis apenas para alguns preferidos? E quando buscava por mim mesmo, se a resposta não chegasse logo, eu já achava que também estava incluída nesse grupo.

Mas o Espírito Santo, meu querido intercessor, levou-me a buscar todas essas respostas na bendita Palavra de Deus e quanto mais eu a lia, mais eu entendia quais os verdadeiros propósitos de Deus.

Sim, às vezes Deus permanece em silêncio e embora isso pareça cruel aos nossos olhos, creio que dói muito mais Nele do que em nós. Veja o que diz Ezequiel 33.31-32: "O meu povo vem a você, como costuma fazer, e se assenta diante de você para ouvir as suas palavras, mas não as põe em prática. Com a boca eles expressam devoção, mas o coração deles está ávido de ganhos injustos. De fato, para eles você não é nada mais do que alguém que entoa cânticos de amor com uma bela voz e que sabe tocar um instrumento, pois eles ouvem as suas palavras, mas não as põem em prática". Percebem a tristeza do Senhor? Muitas vezes estamos tão envolvidos com a nossa vida, preocupados em resolver nossos próprios deleites, buscando coisas e prazeres passageiros e nos esquecemos de Deus. No meio da empolgação deixamos nosso Deus de lado. Essa nossa insensibilidade fatalmente nos levará por caminhos difíceis e quando uma tempestade desabar sobre nós, estaremos desprotegidos, totalmente vulneráveis e o nosso inimigo com certeza vai aproveitar essa oportunidade, pode crer.

Vamos continuar escutando o que Deus nos fala sobre tudo isso: "O meu povo cometeu dois crimes: eles me abandonaram, a mim, a fonte de água viva; e cavaram as suas próprias cisternas, cisternas rachadas que não retêm água" (Jeremias 2.13). Vamos encontrar várias palavras semelhantes a esta onde Deus mostra porque não responde algumas orações. Veja também o que ele fala em Zacarias: "Quando eu os chamei, não deram ouvidos; por isso, quando eles me chamarem, também não ouvirei, diz o Senhor dos Exércitos" (Zacarias 7.13). Você ficou assustado? Observando todas essas palavras, parece que estamos perdidos, não é mesmo? Não! Não estamos! Veja: "Graças ao grande amor do Senhor é que não somos consumidos, pois as suas misericórdias são inesgotáveis" (Lamentações 3.22).

Se o buscarmos de todo o nosso coração, Ele nos ouvirá. Ele é o maior interessado nisso. Creia!

COMO CHEGAR AO SUCESSO VERDADEIRO?

Não digam, pois, em seu coração: "A minha capacidade e a força das minhas mãos ajuntaram para mim toda esta riqueza". Mas, lembrem-se do Senhor, do seu Deus, pois é ele que lhes dá a capacidade de produzir riqueza, confirmando a aliança que jurou aos seus antepassados, conforme hoje se vê. (Deuteronômio 8.17-18)

Você acredita em notícias de sucesso? Eu não. Nem todas são confiáveis e algumas são exageradas, mas acredito no sucesso que vem de Deus.

Um empresário da alta sociedade, prefiro não citar nomes, nos ensinou que o mundo empresarial não está isento dos "efeitos especiais", de truques e maquiagens que embelezam verdades horríveis. O mundo dos negócios tem muito em comum com Hollywood.

Apesar de tudo isso que lamentavelmente sabemos que existe, há uma esperança e uma saída para todos aqueles que escolheram o belo caminho da verdade, da honestidade, do trabalho bem feito e, mais importante de tudo, buscam em Deus a direção para todos os seus empreendimentos. Esses serão uma referência e com certeza chegarão ao sucesso verdadeiro.

Deus quer que tenhamos sucesso. É um dom dele, para a sua glória (Eclesiastes 5.18-19). Contudo, precisamos ter cuidado com o nosso ego. Pergunte ao rei Uzias. Em 2 Crônicas 26.6-15, lemos a respeito de suas impressionantes realizações; o motivo para seu sucesso é encontrado no versículo 5: "... nos dias em que buscou ao Senhor, Deus o fez prosperar". Porém, Uzias se esqueceu de que Deus era quem o ajudara e abençoara o tempo todo. Isso o levou à destruição. A Palavra de Deus é clara: "Entretanto, depois que Uzias se tornou poderoso, o seu orgulho provocou a sua queda [...]" (2 Crônicas 26.16).

Tenha cuidado para que a aparência do seu sucesso esteja de acordo com as perspectivas de Deus e procure sempre guardar-se contra a soberba.

Pense nisso: quem deu a você as habilidades que lhe permitiram ter sucesso? Talvez você tenha se esforçado. Mas outros também se esforçaram igualmente e não tiveram o mesmo sucesso. Isso leva à percepção de que Deus merece o crédito por qualquer sucesso que tenhamos. Glorifiquemos a Deus e permaneçamos humildes ao saborearmos nosso sucesso.

O verdadeiro sucesso vem quando você usa sua vida, este maravilhoso presente de Deus, para expressar um propósito que é singular em você, e esse propósito, sendo aprovado por Deus, levará você a fazer a diferença neste mundo.

FALE AQUILO QUE VOCÊ QUER VER!

Está escrito: "Cri, por isso falei". Com esse mesmo espírito de fé nós também cremos e, por isso, falamos [...]. (2 Coríntios 4.13)

Cada ferramenta tem um propósito específico e você é muito mais que uma simples ferramenta. Contudo, Deus o criou para realizar coisas boas neste mundo. Você tem uma função importante. Há em seu coração o poder de fazer com que a terra se torne um lugar melhor para você mesmo e para todos os que estão ao seu redor.

Falando em ferramenta, vamos falar em uma que você poderá usar diariamente em sua vida, pois ela com certeza será uma arma de guerra contra todo o mal quando aprender a usá-la corretamente. A palavra que sai da nossa boca é uma ferramenta cujo poder é sobrenatural. Ela tem o poder de levantar uma pessoa que estava desanimada, como também abater um grande guerreiro. Lembra-se do profeta Elias? Ele havia matado todos aqueles profetas de Baal, mas veio Jezabel, a rainha má, e o ameaçou com palavras de morte e ele temendo fugiu.

Mas o propósito desta mensagem é mostrar que você pode fazer a diferença no ambiente em que vive, sendo uma pessoa bem-aventurada em todos os seguimentos de sua vida, usando as suas palavras com fé e determinação. Para começar, não fale do caos que seus olhos estão vendo, fale aquilo que você deseja ver. Esse é o segredo!

Foi assim desde o princípio, quando Deus criou os céus e a terra. Esta estava sem forma e vazia, havia trevas sobre a face do abismo e o Espírito de Deus pairava sobre as águas. Então Deus disse: "Haja luz" e houve luz. Observe que Ele não falou das trevas que estava à sua frente, Ele falou aquilo que queria ver. E assim tudo foi criado, o céu, a terra, o homem e os animais.

Você quer ser bem-aventurado em sua vida? Use suas palavras com sabedoria. Há uma tremenda confusão perto de você? Não faça parte dela, seja a solução, traga à existência paz e tranquilidade usando suas palavras. Não fale o que você está vendo, fale aquilo que você quer ver. Não haja como muitos religiosos que sabem tudo, guardam tudo, mas não fazem nada. Coisas boas que Deus tem guardado para você só vão acontecer quando entender esse mistério.

Você não pode mudar o seu passado, mas poderá com certeza mudar o seu futuro. Traga à existência aquilo que ainda não existe, usando uma palavra de fé e determinação. Jesus falou com as pessoas, com coisas, com a tempestade e até com um morto. Suas palavras foram certeiras em cada situação: a figueira secou, a tempestade aquietou-se e o morto Lázaro ressuscitou. Fale palavras de fé carregadas de amor para aqueles que estão à sua volta, diga que seus filhos serão prósperos e abençoados e eles farão a diferença nessa terra.

INTIMIDADE COM DEUS

O Senhor falava com Moisés face a face, como quem fala com seu amigo. Depois Moisés voltava ao acampamento [...]
(Êxodo 33.11)

Ao observarmos os cristãos de hoje, vemos apenas uma parte dos seguidores de Jesus que apreciam um relacionamento íntimo com Deus. Serão eles os favoritos de Deus? É possível. Ouvi alguém dizer: Deus não tem favoritos, mas o salmista deixou bem claro que essa intimidade está reservada para aqueles que temem a Deus. Veja: "O Senhor confia os seus segredos aos que o temem, e os leva a conhecer a sua aliança" (Salmos 25.14).

No livro de Êxodo 24, lemos acerca de pessoas que estavam em quatro situações diferentes de relacionamento com Deus. O primeiro grupo era o dos israelitas que Moisés tirara do acampamento para se encontrarem com Deus ao pé do monte (Êxodo 19.17). Esse grupo adorava a Deus à distância. Eles não tinham intimidade com Deus, pois se corrompiam com facilidade, esquecendo dos mandamentos de Deus, eram murmuradores e, por várias vezes, se levantaram contra Moisés. O segundo era o de Arão, Nadabe e Abiú, e os setenta anciãos de Israel. Eles subiram ao monte e viram o Deus de Israel, comeram e beberam em sua presença porque Moisés os havia preparado para que pudessem subir ao monte. Consagraram-se a Deus e então subiram e viram a Deus de Israel. O terceiro grupo era o de Josué e Moisés, que subiram para receber os mandamentos de Deus inscritos em pedra. Josué recebeu a honra de acompanhar Moisés. Na verdade ele desejou ter intimidade com Deus e, portanto, foi o homem escolhido por Ele para dar continuidade ao trabalho de Moisés. Cito por último Moisés, com quem o Senhor falou face a face, como qualquer um fala com seu amigo. Quando quisermos falar sobre intimidade com Deus, Moisés sempre será o bom exemplo que a Palavra de Deus nos deixou. Veja quando o povo pecou fazendo para si deuses de ouro, Moisés falou assim com Deus: "Agora, pois, perdoa-lhe o pecado; ou, se não, risca-me, peço-te, do livro que escreveste" (Êxodo 32.32). Só uma grande intimidade com Deus para tamanha ousadia, não é mesmo?

Oswald Sanders falou certa vez: "Cada um de nós poderá estar tão perto de Deus quanto quiser". Não tanto como gostaríamos, ou que às vezes queremos estar. Deus não nos arrastará para cima do monte, mas Ele conhece o desejo do nosso coração, demonstrado por nossas escolhas. Como disse Tiago: "Aproximem-se de Deus, e ele se aproximará de vocês" (Tiago 4.8).

Não devemos confundir familiaridade com intimidade. Familiaridade é saber a respeito de Deus; intimidade é conhecê-lo.

Veja as bênçãos que estão reservadas para todos aqueles que saíram da superfície e mergulharam nas profundezas desse segredo chamado intimidade: "Quem é o homem que teme o Senhor? Ele o instruirá no caminho que deve seguir. Viverá em prosperidade, e os seus descendentes herdarão a terra" (Salmo 25.12-13). Quando cruzamos a linha da rotina religiosa e entramos em novas dimensões de intimidade e aproximação com Jesus, as coisas deste mundo já não nos podem impressionar como antes. Acredite: os valores mudam. O que não se vê é mais importante do que o que se vê (2 Coríntios 4.18). Incentivo você a escrever sua história de intimidade com Deus, e o Deus que te vê em seus atos secretos, ou seja, quando ninguém mais está te vendo, Ele mesmo terá prazer em estar com você. Deus não tem favoritos, tem íntimos. Pense nisso!

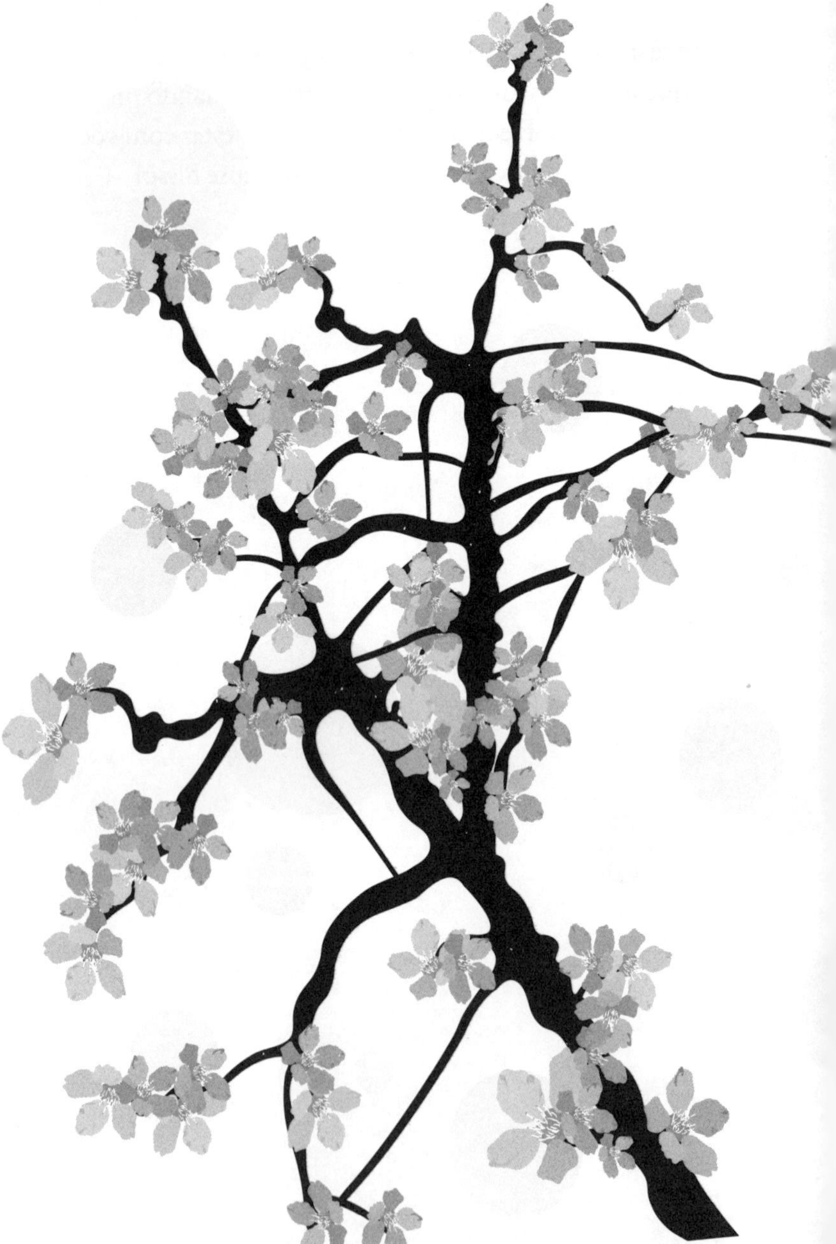

DEUS QUER USAR VOCÊ PARA COISAS GRANDES

Clame a mim e eu responderei e lhe direi coisas grandiosas e insondáveis que você não conhece. (Jeremias 33.3)

Nos dias de hoje, mais do que em qualquer outra época, o mundo está vivendo em meio a um vale de morte, desolador, repleto de ossos espalhados desordenadamente sob um causticante sol do humanismo e da ausência de Deus. Os homens andam secos e esbranquiçados em consequência da insensibilidade e da incredulidade. Essa é a situação da humanidade. E no meio de tanta desordem ficamos confusos sobre o que pensar ou fazer. Seremos nós contaminados com tudo isso? Quando estamos em lugares como esses, devemos seguir o exemplo do profeta Ezequiel: deixar que o Senhor nos dirija, falar em seu nome, usar a autoridade que temos recebido dele, profetizar vida e restauração para essa humanidade morta, espiritualmente falando.

Estamos vivendo um tempo de crise em todos os seguimentos da vida e da sociedade, mas para nós que temos a Cristo, esse tempo também é uma oportunidade. Os grandes avivamentos da história começaram em tempos de profunda sequidão espiritual, apatia religiosa e abandono da fé. Quando o povo israelita estava como em um vale de ossos secos, sem vida, Deus realizou um milagre e o colocou em pé. Ou Deus se manifestava ou o povo estaria completamente perdido.

Atualmente, Deus continua agindo em nossa vida e é Ele quem nos restaura; Dele vem a nossa cura e libertação. Em Ezequiel 37.1-6, vemos como o profeta foi levado pelo Senhor ao vale de ossos secos e naquele lugar tenebroso ele foi usado com grande poder e autoridade para repreender a morte e profetizar vida, mudando radicalmente a situação daquele lugar. Através desta palavra Deus nos deixou uma bela mensagem de restauração. Nós também recebemos grandes revelações e ainda podemos contar com o conforto do Espírito Santo quando atravessamos nossas dificuldades.

Ezequiel foi um homem que escolheu obedecer ao Senhor, ele estava entre os milhares de jovens que foram deportados de Judá para a Babilônia após a rendição do rei Joaquim. Durante o exílio na Babilônia, Deus o chamou para pregar em uma das épocas mais difíceis da história de Israel. Ezequiel experimentou o mesmo tipo de encontro surpreendente com Deus que Isaías teve cento e cinquenta anos antes. Eles nunca mais foram os mesmos depois de seus encontros com Deus. Ezequiel foi considerado um atalaia sobre a casa de Israel. O trabalho de um atalaia é perigoso, pois se falhasse em seu posto ele e a cidade inteira seriam destruídos. Logo, a sua segurança dependia da qualidade de seu trabalho.

Quando você atingir esse patamar de intimidade com Deus, sua vida nunca mais será a mesma.

Esse é o segredo para alcançar coisas grandes.

A AÇÃO DO ESPÍRITO SANTO EM NOSSA VIDA

O Espírito do Senhor repousará sobre ele, o Espírito que dá sabedoria e entendimento, o Espírito que traz conselho e poder, o Espírito que dá conhecimento e temor do Senhor.
(Isaías 11.2)

A única maneira de conhecermos a Deus e saber quais são os seus propósitos para nossa vida é através do trabalho desenvolvido pelo Espírito Santo em nós. O Espírito Santo é o agente responsável pelo novo nascimento, o nascimento espiritual, a regeneração do ser humano, a transformação deste em nova criatura feita à imagem e semelhança de Cristo, para tornar-nos como Ele, um filho de Deus.

Em outras palavras, é o Espírito Santo quem inspira, aconselha, dirige, consola e intercede pelo cristão.

Homens santos foram inspirados pelo Espírito de Deus para escreverem os livros que compõem a Bíblia Sagrada, para, através deles, instruir todos os seres humanos no caminho da verdade. A Bíblia sem a unção do Espírito Santo seria apenas um livro de história. Ela precisa ser lida sob a orientação divina para servir aos propósitos de Deus.

Para a correta interpretação bíblica é necessário que o seu próprio autor esteja presente. Uma das missões do Espírito Santo é revelar a verdade e a mensagem de redenção ao homem, convencendo-o disso. Sem a obra do Espírito Santo seria impossível ao homem ser salvo. Jesus revelou em João 16.13: "Mas quando o Espírito da verdade vier, ele os guiará a toda a verdade. Não falará de si mesmo; falará apenas o que ouvir, e lhes anunciará o que está por vir". O Espírito Santo é o revelador da verdade, Ele é o agente que conduz o homem a Cristo. É Ele que convence o pecador do pecado (João 16.8-11) e o leva ao arrependimento. Para nós cristãos, quando aceitamos a Jesus, passamos a ser templo do Espírito Santo. Isso é maravilhoso!

Somos a melhor criação de Deus. No livro de Jó está escrito: "O Espírito de Deus me fez; o sopro do Todo-poderoso me dá vida" (Jó 33.4). Nossa personalidade, nosso corpo e tudo o que somos é um projeto do Espírito Santo. Ninguém jamais consegue persuadir a nossa mente para que tenhamos plena convicção da verdade. É o Espírito Santo quem confirma que Cristo habita em nosso coração e afasta todas as dúvidas a respeito Dele. Sabemos que permanecemos nele, e ele em nós, porque ele nos deu do seu Espírito (1 João 4.13).

A presença do Espírito Santo nos traz alegria. O fruto do Espírito é alegria: "Mas o fruto do Espírito é amor, alegria, paz, paciência, amabilidade, bondade, fidelidade, mansidão e domínio próprio. Contra essas coisas não há lei" (Gálatas 5.22-23). A sabedoria aumenta nossa alegria: "Como é feliz o homem que acha a sabedoria, o homem que obtém entendimento" (Provérbios 3.13). O Espírito Santo é o Espírito da sabedoria: "O Espírito do Senhor repousará sobre ele, o Espírito que dá sabedoria e entendimento, o Espírito que traz conselho e poder, o Espírito que dá conhecimento e temor do Senhor" (Isaías 11.2).

Você pode pedir sempre o que precisar. Veja: "Se algum de vocês tem falta de sabedoria, peça-a a Deus, que a todos dá livremente, de boa vontade; e lhe será concedida" (Tiago 1.5). O Espírito Santo é uma pessoa. No livro de Romanos está escrito que Ele intercede por nós com gemidos inexprimíveis, fala conosco de várias maneiras, em sonhos, visões, usando outras pessoas e falando diretamente conosco. Eu sou testemunha disso, pois várias vezes Ele falou comigo me apontando caminhos, respondendo perguntas e me ensinando muitas coisas que eu não teria a mínima condição de aprender caso Ele não tivesse me ensinado. O Espírito Santo é o meu maior incentivador para acreditar que posso sempre ir mais longe em minha caminhada, é Ele quem me capacita, dando-me sabedoria e aumentando minha fé, mostrando-me que não preciso ter medo de nada, pois se sou o templo do Espírito Santo Ele mora dentro de mim. Quando preciso de ajuda, chamo por ele. O que poderá nos faltar se temos o autor da vida dentro de nós. Veja que tesouro nós temos! É uma pena que poucos entendam isso.

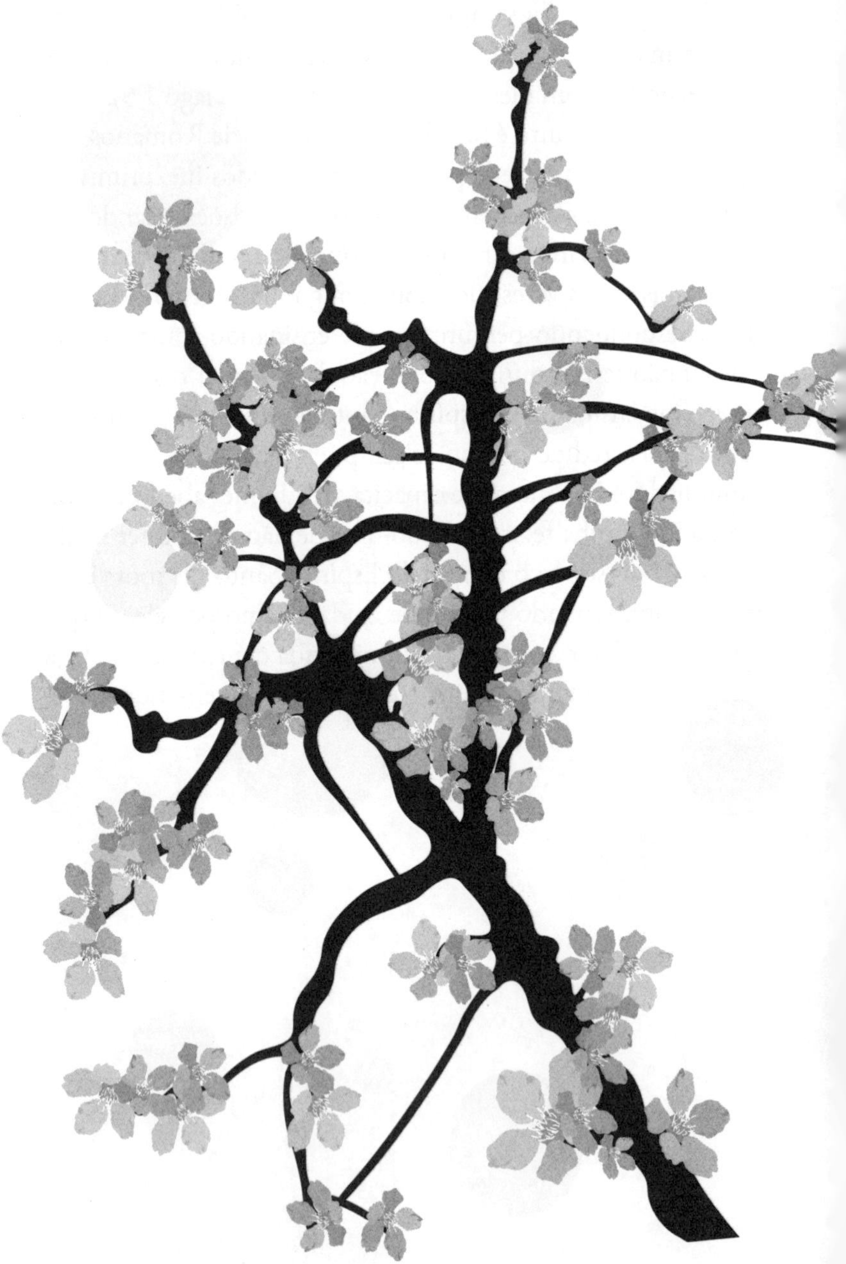

ELE MORREU PARA QUE NÓS TIVÉSSEMOS VIDA

Certamente ele tomou sobre si as nossas enfermidades e sobre si levou as nossas doenças, contudo nós o consideramos castigado por Deus, por ele atingido e afligido. Mas ele foi transpassado por causa das nossas transgressões, foi esmagado por causa de nossas iniquidades; o castigo que nos trouxe paz estava sobre ele, e pelas suas feridas fomos curados. (Isaías 53.4-5)

Jesus herdou um nome excelente, mais grandioso que qualquer ser angelical. Como filho de Deus, ele é herdeiro de todas as coisas. E herdou tudo isso, muito antes de vir para esta terra, porque ele já possuía tudo. A epístola de Filipenses afirma que Ele se esvaziou de toda a honra e a glória para descer até nós. Vejamos como tudo começou: "No princípio era aquele que é a Palavra. Ele estava com Deus, e era Deus. Ela estava com Deus no princípio. Todas as coisas foram feitas por intermédio dele; sem ele, nada do que existe teria sido feito" (João 1.1-3).

Jesus foi a luz verdadeira que veio ao mundo para iluminar todos os homens. "Aquele que é a Palavra estava no mundo, e o mundo foi feito por intermédio dele, mas o mundo não o reconheceu. Veio para o que era seu, mas os seus não o receberam. Contudo, aos que o receberam, aos que creram em seu nome, deu-lhes o direito de se tornarem filhos de Deus, os quais não nasceram por descendência natural, nem pela vontade da carne nem pela vontade de algum homem, mas nasceram de Deus. Aquele que é a Palavra tornou-se carne e viveu entre nós. Vimos a sua glória, glória como do Unigênito vindo do Pai, cheio de graça e de verdade" (João 1.10-14).

Jesus Cristo foi a pessoa mais influente que já viveu neste mundo. Ninguém pode se comparar a Ele, nem antes, nem depois Dele. Jesus veio para trazer vida a todos nós. Antes Dele havia um abismo que nos separava de Deus, os nossos pecados eram a causa de toda essa barreira. Mas quando Jesus assumiu todo o nosso pecado naquela cruz, então Ele mesmo fez uma ponte sobre aquele imenso abismo, para que pudéssemos chegar ao Pai. Jesus se tornou o nosso mediador e ninguém vai ao Pai a não ser por intermédio Dele.

Quando Deus ressuscitou a Cristo dentre os mortos, deu-lhe poder e autoridade para destruir todas as fortalezas do mal. Para a nossa segurança, os principados e as potestades com que lutamos são os mesmos que o nosso Salvador venceu e nos deu autoridade para vencê-los também sempre que usarmos o seu nome. Jesus veio para nos trazer vida. Veja o que Ele disse: "O ladrão vem apenas para furtar, matar e destruir; eu vim para que tenham vida, e a tenham plenamente" (João 10.10).

Cristo nos libertou do poder das trevas, portanto o inimigo não tem mais autoridade alguma sobre a sua vida. Quando você tomar posse dessa verdade, que o nome de Jesus lhe pertence, poderá colocar o inimigo em fuga todas as vezes que surgir uma luta, uma dificuldade em sua vida. Cristo já fez a obra. Tome posse da autoridade que Ele lhe deu.

Ainda falando sobre a autoridade que Jesus nos deu, veja o que Ele nos disse em Marcos 16.17-18: "Estes sinais acompanharão os que crerem: em meu nome expulsarão demônios; falarão novas línguas; pegarão em serpentes; e, se beberem algum veneno mortal, não lhes fará mal nenhum; imporão as mãos sobre os doentes, e estes ficarão curados". Que maravilha! Sabemos que o Senhor Jesus fez obras grandiosas enquanto esteve entre nós e continua fazendo até hoje, mesmo depois de Ele ter subido ao Pai seu poder é o mesmo. Mas Ele também nos outorgou autoridade para fazer as mesmas obras que Ele fez. Veja isso: "Digo-lhes a verdade: Aquele que crê em mim fará também as obras que tenho realizado. Fará coisas ainda maiores do que estas, porque eu estou indo para o Pai. E eu farei o que vocês pedirem em meu nome, para que o Pai seja glorificado no Filho. O que vocês pedirem em meu nome, eu farei" (João 14.12-14).

Agora você já sabe que através de Cristo somos mais do que vencedores, não aceite doenças nem perturbação de qualquer espécie, pois como já lemos, Jesus já levou sobre si todas as nossas enfermidades e as nossas dores e pelas suas pisaduras nós fomos sarados. Não aceite mais derrotas em sua vida, levante-se no nome de Jesus e depois ajude outras pessoas a serem curadas, fisicamente e espiritualmente, e a tomarem posse da vida abundante que Jesus nos prometeu.

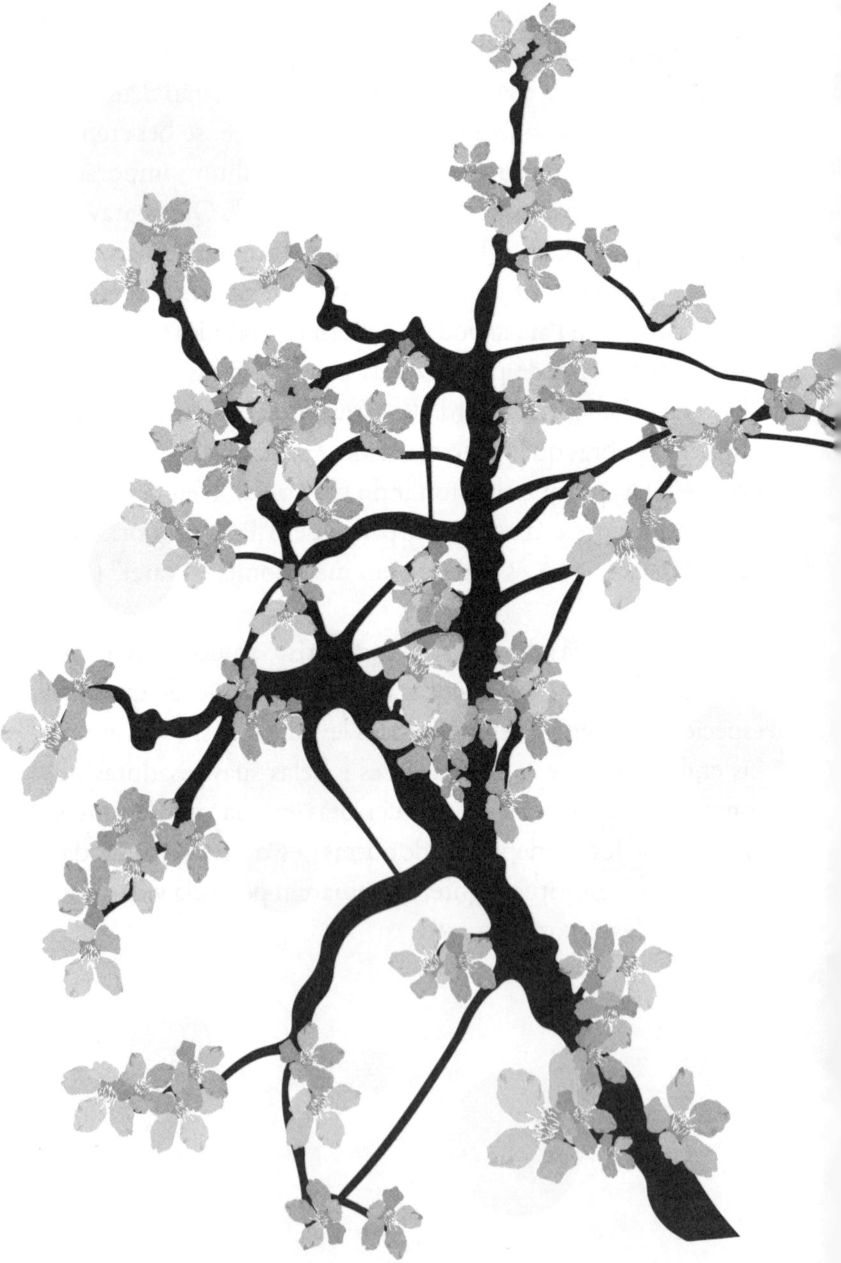

A IMPORTÂNCIA DE CONHECERMOS A DEUS

Conheçamos o Senhor; esforcemo-nos por conhecê-lo. Tão certo como nasce o sol, ele aparecerá; virá para nós como as chuvas de inverno, como as chuvas de primavera que regam a terra. (Oseias 6.3)

Antes de começar a falar qualquer coisa a respeito do texto acima, como conhecer melhor ao nosso Deus, gostaria de mencionar um dos atributos divinos do nosso Deus, aquele que nos mostra o quanto ele nos ama. Veja: *"Porque Deus tanto amou o mundo que deu o seu Filho Unigênito, para que todo o que nele crer não pereça, mas tenha a vida eterna" (João 3.16).*

Acredito que esse foi o primeiro ou um dos primeiros versículos que você aprendeu e gravou, não é mesmo? Falo isso porque é o que acontece com a maioria de nós. Isso porque ele é tão repetido que não tem como não decorar. Essa passagem bíblica é um profundo resumo do grande amor de Deus por nós dito em poucas palavras. E por ser citado repetidas vezes entre nós, o significado do que se está dizendo nesse versículo quase não é percebido mais. O mesmo amor descrito em poucas palavras nesse verso é a razão pela qual você e eu existimos. É a razão pela qual existe evangelho e graça para a nossa salvação. Não só para a nossa, mas para todo aquele que crê.

Falar sobre a importância de conhecermos a Deus para mim deveria ser fácil levando em consideração tudo o que Ele já fez por mim, as muitas experiências que tive com Ele, alguns desertos que já passei, curas e milagres, enfim, eu nem teria como registrar tantas maravilhas que já presenciei. Contudo existe um longo caminho a ser percorrido até chegarmos a esse patamar de conhecimento do nosso Deus. A Bíblia diz que tudo quanto sabemos acerca de Deus, sabemos em parte, porque a mente de Deus é muito superior à nossa! Ele nos criou, Ele é o Criador, com atributos que são exclusivos Dele, como a eternidade, a onisciência, a onipotência e a onipresença. Foi isso que Paulo lembrou em seu cântico de adoração em Romanos 11.33-36: "Ó profundidade da riqueza da sabedoria e do conhecimento de Deus! Quão insondáveis são os seus juízos, e inescrutáveis os seus caminhos! "Quem conheceu a mente do Senhor? Ou quem foi seu conselheiro?"; "Quem primeiro lhe deu, para que ele o recompense? "Pois dele, por ele e para ele são todas as coisas. A ele seja a glória para sempre! Amém". Como poderíamos nós, tão frágeis, entender a mente eterna de Deus? Mas uma coisa temos certeza, ele nos ama, nos ama tanto que ofereceu seu filho, seu único filho, para que pela sua morte pudéssemos nos achegar a Ele como filhos. Que maravilha!

Deus é eterno, veja: "Desde os dias mais antigos eu o sou. Não há quem possa livrar alguém de minha mão. Agindo eu quem pode desfazer?" (Isaías 43.13). Deus não tem princípio nem fim. Você já parou para pensar nisso? É impossível entender todas as implicações dessa característica divina e dimensionar a grandeza do Criador dos céus e da terra, cuja mente eterna não envelhece e nem se esquece de nada, mas mesmo assim ele tem os melhores planos para você. Vale a pena obedecer ao

Senhor, cujos pensamentos a seu respeito são de paz, e não de mal, para lhes dar o fim que você espera (Jeremias 29.11).

Deus é onisciente. Ele tem a capacidade de saber sobre tudo e todos, de conhecer os pensamentos e as motivações das pessoas, entender a complexidade dos fenômenos com base nas leis que ele mesmo estabeleceu para reger o universo. Ele prevê os acontecimentos, bem antes de acontecerem, e já sabe o final de cada um.

Deus é onipresente, além de eterno e onisciente, Deus também é onipresente. Ele é Espírito (João 4.24), não está limitado ao tempo nem ao espaço. Está presente em todos os lugares ao mesmo tempo, e Sua presença é real em todo o universo: "Os olhos do Senhor estão em todo lugar contemplando maus e bons" (Provérbios 15.3).

Deus é onipotente, ele tem todo o poder. O Senhor está nos céus e faz tudo o que lhe apraz (Salmo 115.3).

Veja a onipotência de nosso Deus: "Teus, ó Senhor, são a grandeza, o poder, a glória, a majestade e o esplendor, pois tudo o que há nos céus e na terra é teu. Teu, ó Senhor, é o reino; tu estás acima de tudo. A riqueza e a honra vêm de ti; tu dominas sobre todas as coisas. Nas tuas mãos estão a força e o poder para exaltar e dar força a todos" (1 Crônicas 29. 11-12).

Que profundidade está inserida nesta palavra, logo se percebe que podemos conhecer a Deus por meio de sua Palavra. Deus usou sua Palavra para se apresentar a todos nós.

Podemos também conhecer a Deus por meio da oração. Um bom relacionamento com Deus exige diálogo. Quando lemos a sua Palavra, Ele fala conosco, e quando oramos, nós falamos com Ele.

Outra maneira de conhecermos a Deus é por meio das nossas próprias experiências com Ele. Nada é tão forte quando passamos por um deserto e depois de tamanha luta o milagre se apresenta, trazendo um grande livramento, e você tem a certeza de que foi Deus quem o tirou de lá. Essas experiências e lutas vencidas vão aumentando nosso conhecimento gradativamente. E, o melhor de tudo: aumentam a nossa fé, preparando-nos para desafios cada vez maiores.

EDIFICANDO A CASA SOBRE A ROCHA

Portanto, quem ouve estas minhas palavras e as pratica é como um homem prudente que construiu a sua casa sobre a rocha. Caiu a chuva, transbordaram os rios, sopraram os ventos e deram contra aquela casa, e ela não caiu, porque tinha seus alicerces na rocha. Mas quem ouve estas minhas palavras e não as pratica é como um insensato que construiu a sua casa sobre a areia. Caiu a chuva, transbordaram os rios, sopraram os ventos e deram contra aquela casa, e ela caiu. E foi grande a sua queda.
(Mateus 7.24-27)

Sempre que eu leio a palavra de Deus, procuro buscar orientação de como agradar a Deus vivendo nesse mundo, onde a humanidade caminha em direção a seus desejos naturais e poucos se voltam para viver de acordo com a vontade de Deus. Confesso que não é fácil sermos prudentes o tempo todo e vigiar para não cair em tentação como nos disse Jesus, pois há no mundo dois poderes: um natural e o outro sobrenatural. O poder natural cogita das coisas materiais, riquezas, altas tecnologias. As pessoas estão envolvidas demais buscando seus próprios interesses; já o poder sobrenatural é onde Deus se manifesta na vida daqueles que escolheram servir e obedecer a Deus.

Muitos não percebem o quanto estão distantes de uma vida espiritual nos moldes de Cristo.

O poder natural cega o entendimento de muitas pessoas que buscam somente a realização pessoal, correm atrás do vento, como insensatos não conseguem discernir nada, espiritualmente falando. Isso é trágico, pois Cristo nos adverte muito bem com essa parábola dos dois fundamentos que lemos acima. Jesus disse: "Todo aquele que ouve as minhas palavras e a pratica será comparado a um homem prudente que edificou a sua casa sobre a rocha; e caiu a chuva, transbordaram os rios, sopraram os ventos e deram com ímpeto contra aquela casa, que não caiu, porque fora edificada sobre a rocha" (Mateus 7.24--25). Eis aqui o segredo daqueles que fazem a diferença nesta terra: eles estão firmados na Rocha que é Cristo, e nenhuma tempestade poderá derrubá-los. Aqueles que ouvem a Palavra e não a praticam estão enganando a si mesmos. Veja o que diz Tiago 1.22: "Sejam praticantes da palavra, e não apenas ouvintes, enganando-se a si mesmos".

Ezequiel 33.31-32 nos fala muito bem sobre isso: "O meu povo vem a você, como costuma fazer, e se assenta diante de você para ouvir as suas palavras, mas não as põe em prática. Com a boca eles expressam devoção, mas o coração deles está ávido de ganhos injustos. De fato, para eles você não é nada mais do que alguém que entoa cânticos de amor com uma bela voz e que sabe tocar um instrumento, pois eles ouvem as suas palavras, mas não as põem em prática".

Devemos ter a consciência de que nenhuma atividade religiosa substitui a prática da Palavra de Deus. Só ouvir a Palavra de Deus não garante a salvação e os não praticantes passarão a eternidade longe da presença de Deus.

Muitas pessoas estão descuidadas de sua vida cristã, pensam que por frequentar uma determinada igreja já estão salvos. Salvação é muito mais do que isso. A salvação é pela graça, mas precisamos obedecer aos mandamentos de Deus. Só quem é praticante da verdade consegue manter sua lâmpada cheia de azeite para que quando o noivo voltar entrar com Ele para as Bodas.

Veja Mateus 7.13-14: "Entrem pela porta estreita, pois larga é a porta e amplo o caminho que leva à perdição, e são muitos os que entram por ela. Como é estreita a porta, e apertado o caminho que leva à vida! São poucos os que a encontram".

Pense nisso!

fontes
Lora
Merriweather Sans
Adobe Garamond

@talentoslitbr
nas redes sociais

gruponovoseculo.com.br